Yvette Himmel

Montessori

für zu Hause

Impressum

1. Auflage

Coverdesign: BookDesigns unter Verwendung einer Grafik von @AndrewLozovyi, www.depositphotos.com
Buchlayout: BookDesigns, www.bookdesigns.de
Verlag: Yvette Himmel c/o Zeuner Publishing, Zum Badestrand 2b, 15754 Heidesee
Druck: Amazon KDP

ISBN Taschenbuch: 9798654777010

Bibliografische Information der Deutschen Nationalbibliothek:
Die Deutsche Nationalbibliothek verzeichnet diese Publikation in der Deutschen Nationalbibliografie; detaillierte bibliografische Daten sind im Internet über http://dnb.d-nb.de abrufbar.

Yvette Himmel

Montessori für zu Hause

Ein Montessori Praxisbuch für Eltern und eine freie, selbständige Kindererziehung

ZP

Inhaltsverzeichnis

Einleitung 7

1. Jedes Kind ist ein Unikat – Ein Einblick in die Montessori Pädagogik 9

1.1 Motorik und Sensorik – wie Kinder die Welt begreifen 12
1.2 Die sensiblen Phasen des Kindes in der Entwicklung nach Montessori 13
1.3 Die Grundsätze der revolutionären Montessori Pädagogik 16
1.4 Die klassischen Montessori Materialien – Spielzeug, durch das dein Kind lernt 20
1.5 Die Montessori Einrichtung im Kinderzimmer und zu Hause 24
1.6 Wie du alltägliche Aktivitäten als Lerngelegenheit nutzen kannst 27

2. Montessori Aktivitäten für Babys (0–12 Monate) 31

2.1 Die Grobmotorik deines Babys fördern 32
2.2 Den Spracherwerb deines Babys fördern 35
2.3 Dein Baby am Alltag teilhaben lassen 38
2.4 Materialien zur Förderung von Sensorik und Feinmotorik 41

3. Montessori Aktivitäten für Kleinkinder (12–36 Monate) **51**

3.1 Entwicklung der Grobmotorik durch Bewegung und Toben 52
3.2 Alltägliche Aktivitäten für dein Kleinkind 53
3.3 Materialien zur Förderung von Sensorik und Feinmotorik 70

4. Montessori Aktivitäten für Kinder (ab 3–6 Jahre) **83**

4.1 Entwicklung der Grobmotorik durch Bewegung und Toben 84
4.2 Alltägliche Aktivitäten für dein Kind 86
4.3 Die Welt entdecken und verstehen lernen 89

Literaturverzeichnis 111

***

Anmerkung:
Dieses Buch richtet sich an Eltern und die Erziehung zu Hause. Interessierte Pädagogen können die Ideen natürlich auch als Inspiration für ihre Arbeit in einer Einrichtung sehen.

Einleitung

In diesem Buch möchte ich dir die Grundlagen der Montessori Pädagogik erklären und wie du sie in deinen Alltag integrieren kannst. Ich habe dabei versucht, Erfahrungen, die ich in meiner täglichen Arbeit als Kindheitspädagogin mache, mit einzubeziehen. Durch die alltagsnahe Betrachtung möchte ich dir den Einstieg in die Montessori Pädagogik möglichst leicht machen. Dazu braucht es außerdem Einfühlungsvermögen von dir deinem Kind gegenüber und ein Grundverständnis von den Ideen Montessoris.

Aus diesem Grund gebe ich dir in diesem Buch zuerst einen Überblick zu Montessori selbst sowie ihren Ideen zur Kinderpädagogik. Danach gehe ich auf die wichtigsten Prinzipien der Montessori Pädagogik noch einmal genauer ein. Diesen Teil des Buches kannst du auch verwenden, um dein Wissen über die Montessori Pädagogik von Zeit zu Zeit wieder aufzufrischen. So wird es dir leichter fallen, dich im Alltag an dein Wissen zu erinnern.

Im Hauptteil dieses Buches stelle ich dir anschließend viele verschiedene Aktivitäten vor, die dir als Beispiele dienen, wie du Montessoris Pädagogik praktisch in deinem Alltag umsetzen kannst.

Damit du dir schnell einen Überblick verschaffen kannst, habe ich alle Aktivitäten nach Alter bzw. nach den *sensiblen Phasen* nach Montessori geordnet. Das bedeutet aber nicht, dass die Aktivitäten für dreijährige Kinder nicht vielleicht auch für ein zweijähriges Kind geeignet sind oder umgekehrt. Wie genau du die Aktivitäten für dein Kind aussuchst, erkläre ich dir später im Buch. Nicht alle Aktivitäten, die ich hier nenne, wurden von Montessori erfunden. Es sind aber alles Aktivitäten, die zu ihrer Pädagogik passen und die helfen werden, dein Kind ganzheitlich zu erziehen. Daher beinhaltet das Buch auch Hinweise zu Bewegung in den verschiedenen Altersklassen, damit dein Kind rundum gesund und glücklich aufwächst.

Ich hoffe, dass du Montessoris Methode mit diesem Hintergrundwissen einfacher in deinen Alltag übertragen kannst und nicht nur für einige Aktivitäten anwendest, sondern aufgrund deines neuen Verständnisses auch alleine weißt, worauf es ankommt bei der Auswahl von Spielzeug oder Aktivitäten. Da die Montessori Pädagogik auch eine bestimmte Einstellung zu deinem Kind erfordert, solltest du bei deiner gesamten Erziehung die Grundsätze Montessoris beachten. Wenn du dagegen deine Erziehungsweise immer wieder änderst, wird dein Kind schnell verwirrt sein, weil es nicht weiß, was von ihm erwartet wird.

Zunächst steigen wir nun mit einer Übersicht zu Montessori ein, bevor wir zu den Ideen kommen, wie du die Montessori Erziehung im Alltag anwenden kannst.

Deine Yvette

1. Jedes Kind ist ein Unikat – Ein Einblick in die Montessori Pädagogik

Die Montessori Pädagogik ist begründet durch Frau Dr. Maria Montessori. Sie arbeitete als praktizierende Ärztin und Professorin für Anthropologie. Dabei machte sie im frühen 20. Jahrhundert Beobachtungen, die unser Verständnis von kindlichem Lernen revolutionierten. Ihre Erkenntnisse veröffentlichte sie in verschiedenen Büchern und setzte ihre Ideen auch praktisch um. Sie entwickelte eine Methode, um das Lernen in Einrichtungen an die Bedürfnisse des Kindes anzupassen. Die heutigen Montessori Kindergärten und Schulen orientieren sich an genau dieser Methode. Montessoris Methode lässt sich aber nicht nur in Einrichtungen verwirklichen, du kannst sie auch zu Hause nutzen. Einen Überblick zu Montessoris Erkenntnissen und eine Erklärung, warum ihre Pädagogik auch für zu Hause geeignet ist, möchte ich dir im Folgenden geben.

Dr. Montessori erkannte, dass Kinder nicht wie kleine Erwachsene sind. Sie sind bei ihrer Geburt nicht fertig entwickelt und lernen anders als Erwachsene. Sie müssen Dinge in der Hand halten und Aktivitäten durchführen, um die Welt zu begreifen. Dies gilt besonders für Kinder bis etwa sechs Jahre.

Im Gegensatz dazu sind Erwachsene fähig, Wissen durch Sprache und Schrift zu lernen. Sie hat herausgefunden, dass Kinder sich selbst entwickeln und zwar Schritt für Schritt – in sogenannten *sensiblen Phasen* – nach einem inneren Bauplan. Diese Entwicklung findet statt, in dem sie mit ihrer Umwelt interagieren. Sie müssen Dinge zunächst anfassen, um sie zu verstehen. Ihr Wissen über die Welt bekommen sie dadurch, dass sie ihre Hände benutzen. Die Aufgabe des Erziehenden ist es daher, insbesondere die Umwelt des Kindes so vorzubereiten, dass es die Erfahrungen machen kann, die für das Kind gerade wichtig sind. Montessori hat dazu viele Materialien entwickelt, die dem Kind helfen, über die Welt zu lernen. Diese Materialien sind aber nicht allein, was Montessori ausmacht, sondern die besondere Einstellung zum Kind und kindlichem Lernen. Daher kann man Montessori auch als Einstellung betrachten, die auch zu Hause gelebt werden kann. Dazu ist es nicht nötig, exakt die Materialien zu haben, die Montessori entwickelt hat. In diesem Ratgeber gibt es viele Aktivitäten, für die du keine speziellen Montessori Materialien brauchst.

Ein wichtiger Faktor für kindliches Lernen in der Montessori Pädagogik ist es, Kinder am Alltag teilhaben zu lassen. Sie sollen dadurch mehr und mehr selbstständig werden, um so zu einer verantwortungsvollen Person heranzuwachsen. Die Kinder lernen dafür in der Montessori Pädagogik, ganz alltägliche Aktivitäten durchzuführen. Zunächst übernehmen sie Verantwortung für sich und lernen, wie sie sich um sich selbst kümmern können. Kinder üben so, Verantwortung zu übernehmen. In Bezug auf alltägliche Aktivitäten kannst du dein Kind daher in deinen individuellen Alltag mit einbeziehen, wie auch immer dieser aussieht. Dabei geht es nicht darum, das eigene Kind als Haushaltshilfe zu betrachten. Ihm sollen nicht verschiedene

Tätigkeiten beigebracht werden, damit das Kind sie übernimmt, während der Erwachsene sich zurücklehnt. Vielmehr geht es darum, das vom Kind kommende Interesse zu nutzen. Sie sollen sich mit dem beschäftigen können, was sie interessiert. Und dazu gehören eben auch viele der alltäglichen Aktivitäten, die auf unserem Plan stehen. Für uns mögen Aufgaben, wie Wäsche waschen oder Kochen vielleicht langweilig und störend wirken, aber für Kinder sind sie faszinierende Möglichkeiten, etwas Neues zu lernen und ein weiterer Schritt in die Selbstständigkeit.

Montessori Pädagogik ist also alltagstauglich und lässt sich an dein Leben anpassen. Denn vor allem geht es darum, dein Kind als eigenständiges Wesen zu betrachten, das innerhalb von Grenzen, die für seine Sicherheit sorgen, selbstbestimmt lernen kann. Du wirst dafür lernen, dein Kind genau zu beobachten, um zu erkennen, was seine Bedürfnisse und Interessen sind.

Für die Anwendung von Montessori Pädagogik zu Hause nutzt du daher nicht nur spezielle Materialien, sondern lebst auch die Einstellung, die dahintersteckt. Deswegen möchte ich in den nächsten Kapiteln auf einige Aspekte von Montessoris Pädagogik noch genauer eingehen. Ich erkläre dir dabei alle Grundlagen, um die richtige Einstellung deinem Kind gegenüber einzunehmen und die Montessori Pädagogik zu Hause erfolgreich umzusetzen.

1.1 Motorik und Sensorik – wie Kinder die Welt begreifen

Montessori geht davon aus, dass Kindheit nicht nur durch das Wachstum des Körpers gekennzeichnet ist, sondern auch durch geistiges Wachstum.[1] Dieses geistige Wachstum teilt sie in zwei Kategorien auf: *Motorik* und *Sensorik*.

Motorik beschreibt sie als die Koordination von Bewegungen sowie das Erlernen von Balance.

Sensorik ist das Wahrnehmen und Verarbeiten äußerer Reize und laut Montessori die Grundlage für Intelligenz.

Den Zusammenhang von Motorik und Sensorik zeigt sie am Beispiel des Erlernens von Sprache. Für den erfolgreichen Spracherwerb muss das Kind die Motorik der Sprache erlernen. Dazu gehört die Koordination von Mund, Lippen und der Zunge sowie das Verständnis für den strukturellen Aufbau der Sprache, zum Beispiel der richtige Aufbau eines Satzes.[2] Wie sich der Mund bewegt, lernt dein Kind teilweise durch Ausprobieren, aber auch, in dem es dich beim Sprechen beobachtet. Syntax lernt dein Kind dadurch, dass es täglich Sprache hört.

Gerade für Babys und Kleinstkinder ist das Zusammenspiel von Motorik und Sensorik extrem wichtig. Man sagt, dass sie die Welt „begreifen". Sie lernen wortwörtlich die Welt durch Anfassen zu verstehen. Die motorische Entwicklung hat daher einen großen Einfluss auf die sensorische Entwicklung. Als Erstes lernt dein Baby Objekte zu greifen und zum Mund zu führen. So kann es das Objekt viel genauer untersuchen als durch bloßes Betrachten, denn es hat zu diesem Zeitpunkt im Mund mehr

1 Vgl. Montessori, (k.A.), S. 2.
2 Vgl. Montessori, (k.A.), S. 4.

Nervenenden als an den Händen. Es kann also mit dem Mund besser fühlen als mit den Händen. Zudem ist seine Sehschärfe noch nicht ausgereift. Es kann also noch nicht scharf sehen und verlässt sich daher zunächst darauf, Objekte zu erfühlen.

Der nächste große Schritt zu neuen sensorischen Einflüssen ist das Erwerben von Mobilität – Robben, Krabbeln und Laufen. Es kann sich dadurch selbstständig zu interessanten Objekten bewegen. So erobert dein Kind die Welt Schritt für Schritt, um sie genau zu erkunden und zu verstehen. Montessori beschreibt diese erste Stufe des Lernens als den *absorbierenden Geist*, weil das Kind alle Eindrücke seiner Umwelt wie ein Schwamm aufsaugt. Wenn ich im Folgenden von der inneren Motivation des Kindes rede, meine ich damit genau diese Eigenschaft kindlichen Lernens.

1.2 Die sensiblen Phasen des Kindes in der Entwicklung nach Montessori

Ein wichtiges Konzept Montessoris über kindliches Lernen sind die *sensiblen Phasen*. Sie bezeichnen Zeitfenster, in denen Kinder für bestimmte Lernprozesse besonders empfänglich sind.[3] Lernen nach Montessori sollte durch die innere Motivation des Kindes angetrieben sein. Das bedeutet, die Motivation entsteht nicht von außen, zum Beispiel durch eine Aussicht auf Belohnung oder eine Androhung von Strafe, sondern aus dem eigenen Antrieb des Kindes zu lernen. Die innere Motivation des Kindes für verschiedene Bereiche ist während der sensiblen Phase des jeweiligen Gebietes am größten. Wenn wir als Eltern oder

3 Vgl. Palmarola, (2018).

Pädagogen Montessoris Methode verfolgen, ist es daher nicht unsere Aufgabe zu bestimmen, was und wann das Kind lernt. Wir unterstützen es aber in seinem Lernprozess. Diese Unterstützung besteht vor allem darin, dass wir die Umwelt des Kindes vorbereiten. Die Umgebung des Kindes sollte ihm ermöglichen, seinem Verlangen nachzugehen, die Welt zu erkunden und zu erforschen. Das Wissen über sensible Phasen hilft uns, das Kind zu beobachten und herauszufinden, wie wir die Umwelt ideal gestalten, um dem inneren Drang des Kindes nachzukommen. Die sensiblen Phasen für Kinder bis sechs Jahren sind:

1. sensible Phase: 0 bis 3 Jahre

- Sensibilität für Ordnung
- Sensibilität für Bewegung
- Sensibilität für Sprache

Diese Zeit wird auch Phase des „geistigen bzw. psychischen Embryos“ genannt. Das Kleinkind lernt intuitiv durch seinen *absorbierenden Geist*. Sein Geist wird während dieser Phase durch sensorische Eindrücke geformt.

2. sensible Phase: 3 bis 6 Jahre

- Sensibilität für Bewusstseinsentwicklung
- Sensibilität für soziales Zusammenleben
- Sensibilität für die Vervollkommnung bereits gemachter Errungenschaften

In der zweiten sensiblen Phase des Lernens nimmt die Intuition ab und es entsteht der „bewusste Arbeiter“. Das Kind beginnt, seine Erfahrungen zu analysieren und einzuordnen. Es reflektiert nun seine Umwelt und versucht Erlerntes zu perfektionieren. Gleichzeitig ist es damit beschäftigt, seine Identität zu entwickeln, was sich durch ein starkes Streben nach Unabhängigkeit äußert.[4]

Alle sensiblen Phasen bauen aufeinander auf. Die ersten drei Phasen *Ordnung, Bewegung,* und *Sprache* bieten das Fundament für weiteres Lernen. Obwohl zum Beispiel die sensible Phase für Ordnung für die meisten Kinder in der Zeit von null bis drei Jahren liegt, sind sie während dieser Phase nicht ununterbrochen mit Ordnung beschäftigt. Allgemein sind sie aber empfänglich für das Prinzip von Ordnung und beschäftigen sich immer mal wieder damit. Welche sensible Phase gerade *aktiv* ist, findest du durch Beobachtung heraus. Lallt dein Baby seit Neuestem (Sprache) oder möchte es den ganzen Tag rennen (Bewegung)? Mit diesem Wissen kannst du dein Kind beim Erforschen der Welt besser unterstützen. Beobachtest du dein Kind dabei, dass es ständig unruhig ist, gib ihm die Möglichkeit rauszugehen und sich zu bewegen. Dein Kind sortiert alle seine Perlen ganz vertieft nach Farben (Ordnung)? Biete ihm andere Materialien an, die es auch sortieren könnte. Schaut dir dein Kind beim Wäschefalten zu (Ordnung)? Zeige ihm, wie es geht. Umso aufmerksamer du dein Kind beobachtest, umso besser wirst du seine Bedürfnisse verstehen.

Die bekannte *Trotzphase* von Kleinkindern ist der Beginn ihrer Identitätsfindung. Deinem Kind wird jetzt bewusst, dass es „nein“ sagen kann und plötzlich scheint es das einzige Wort zu sein, das es kennt. Konsequenz und Rituale können helfen, deinem Kind Halt zu geben. Hast du einmal zu etwas eine Aussage gemacht, sei es ein Versprechen oder ein Verbot, halte dich daran.

---

4 Vgl. Montessorischule Augsburg (Hrsg.): Sensible Phasen.

Betrachte dein Kind aber nicht als deinen Feind, es möchte dich nicht absichtlich provozieren. Vielmehr versucht es einfach, sich selbst zu finden. Dabei nehmen seine Gefühle manchmal überhand und es kommt zu einem Trotzanfall. Versuche dann nicht rational auf den äußeren Grund des Anfalls einzugehen, sondern versuche zu verstehen, wie sich dein Kind fühlt und hilf ihm damit umzugehen. Gibst du ihm in dieser Zeit außerdem die Möglichkeit, selbstständiger zu werden, am Alltag teilhaben zu können und Entscheidungen zu treffen, hilfst du ihm auf seinem Weg zur Identitätsfindung und vermeidest so den ein oder anderen Trotzanfall.

1.3 Die Grundsätze der Montessori Pädagogik

Abgesehen von den sensiblen Phasen gibt es noch andere wichtige Grundsätze, die du kennen solltest. Vielleicht hilft es dir zu Beginn dieses Kapitel öfters anzuschauen, bis du alle Grundsätze verinnerlicht hast.[5]

(1) Akzeptanz der Existenz des absorbierenden Geistes und respektieren der sensiblen Phasen des Kindes

Akzeptiere, dass dein Kind am besten lernt, wenn es seiner inneren Motivation folgt. Beachte die sensiblen Phasen deines Kindes bei der Auswahl von Tätigkeiten.

(2) Dem Kind folgen

Lass dein Kind auswählen, welchen Tätigkeiten es nachgehen möchte. Wofür es sich interessiert, kannst du durch Beobachtung

5 Vgl. Palmarola. (2018).

seines Verhaltens herausfinden. Ältere Kinder kannst du natürlich auch direkt fragen.

(3) Das Kind als Individuum respektieren

Jedes Kind verdient von Geburt an Respekt! Betrachte dein Kind daher als einen gleichwertigen Partner.

(4) Dem Kind genügend Freiheiten lassen

Dein Kind soll die Freiheit haben zu entscheiden, für wie lange und welcher Aktivität es nachgehen möchte. Das bedeutet nicht, dass du euren Alltag überhaupt nicht strukturieren darfst. Strukturen und Rituale sind wichtig für Kinder.

(5) Lernen durch Handlung

Lernen nach Montessori bedeutet aktives Lernen. Dein Kind soll durch den Umgang mit Materialien und am Vorbild anderer lernen. Das ist ganz besonders wichtig für Babys und Kleinkinder.

(6) Das Kind während der Aktivität nicht stören

Ist dein Kind vertieft in eine Aktivität, solltest du es nicht unterbrechen. Besonders nicht, um ungefragt zu helfen. Vertraue deinem Kind, Scheitern ist Teil des Lernprozesses.

(7) Kontrollmöglichkeiten schaffen

Montessori Materialien haben immer einen Lerneffekt als Ziel. Sie sollten daher auch eine Kontrollmöglichkeit bieten. So kann dein Kind mit dem Material eigenständig lernen. Wie das genau aussieht, erkläre ich dir im nächsten Kapitel.

(8) Dem Kind vormachen, wie es richtig geht

Wenn du deinem Kind neue Materialien zur Verfügung stellen möchtest, musst du ihm zuerst den richtigen Umgang damit zeigen. Das gilt auch für alltägliche Aktivitäten, zeige deinem Kind, wie man die Aktivität durchführt.

(9) Eine vorbereitete Umgebung erschaffen

Da Montessori eigenständiges Lernen fördert, muss auch die Umgebung deines Kindes darauf angepasst sein. Es sollte selbstständig an Materialien gelangen können. Außerdem sollte es die Materialien zur Verfügung haben, für die es sich gerade interessiert. Natürlich ist es dabei aber wichtig, grundlegende Sicherheitsregeln zu beachten, damit sich dein Kind nicht verletzt.

Der wichtigste Grundsatz Montessoris ist:

„Hilf mir, es selbst zu tun."

Das Einhalten der oben genannten Grundsätze wird dir helfen, dieses Ziel zu erreichen.

***

Neben Montessoris Grundsätzen möchte ich dir noch einen weiteren Ratschlag für den Alltag mit deinem Kind mitgeben. **Hab Spaß!** Erziehung kann eine Herausforderung sein, sie ist aber auch eine Möglichkeit. Gestalte deinen Alltag mit deinem Kind so, dass ihr gemeinsam viele positive Erlebnisse habt. Betrachte die Welt mit den Augen deines Kindes. Wir sind so sehr an unsere Welt gewöhnt, dass unsere Neugier erstickt ist und wir ihre Schönheit und Wunder nicht mehr richtig wahrnehmen – dein Kind aber schon. Findet es einen Käfer oder betrachtet es eine Blume am Wegesrand, nimm dir einen kurzen Moment und freut euch gemeinsam darüber. Entwickle die Neugier, um Antworten auf all die Fragen zu finden, die dein Kind beschäftigt. So bereicherst du nicht nur den Alltag deines Kindes mit all den Wundern, die unsere Welt zu bieten hat, sondern auch deine eigenen. Auch alltägliche Aktivitäten, die ihr gemeinsam macht, sollten euch beiden Freude bereiten. Wenn eure Zusammenarbeit nur Frustration auslöst, trete gedanklich einen Schritt zurück und überlege dir, was schief läuft.

Vielleicht waren deine Erwartungen an dein Kind zu hoch oder du hast eine Aufgabe gewählt, die dein Kind gerade nicht interessiert. Wenn eine Aufgabe wie Zähneputzen, die täglich durchgeführt werden muss, Frustration bereitet, versuche einen neuen Ansatz zu finden. Ersetze die bisherigen Rituale, mit denen du die Aktivität eingeleitet hast, durch neue Rituale. Versuche dabei die Interessen deines Kindes mit einzubeziehen, um die Aufgabe für dein Kind wieder positiv zu besetzen. Versetze dich in dein Kind und versuche herauszufinden, was es so sehr an der Aufgabe stört. Dann kannst du leichter einen Weg finden, die Aufgabe besser zu gestalten. Beim Zähneputzen könnte es zum Beispiel daran liegen, dass es den Geschmack der Zahnpasta nicht mag. Vielleicht fallen ihm aber auch Übergänge gerade schwer und es verbindet Zähneputzen damit, Schlafengehen zu müssen. Dann ist das Problem in Wirklichkeit vielleicht mehr das Zubettgehen als das Zähneputzen.

1.4 Die klassischen Montessori Materialien – Spielzeug durch das dein Kind lernt

Als Materialien bezeichnet man grob gesagt alle Spielzeuge, durch die dein Kind etwas lernt. Dazu gehören Puzzle, Steckspiele, Fädelspiele etc. Da echte Montessori Materialien oft sehr teuer sein können, kannst du auch normales Spielzeug kaufen. Es muss aber einige Bedingungen erfüllen, auf die ich in diesem Kapitel eingehen möchte.

Eine der wichtigsten Bedingung für Montessori Materialien ist, dass verschiedene Lernkonzepte nicht vermischt werden sollten. Leider wird bei vielen modernen Materialien versucht, einen möglichst großen und vielfältigen Lerneffekt zu erhalten. Das Kind soll an einem Spielzeug so viel wie möglich lernen können. Dabei werden Konzepte miteinander vermischt, in der Hoffnung, dass das Kind so alles auf einmal lernt. Nehmen wir an, du möchtest ein Set verschieden großer Holzklötze kaufen, die dein Kind nach Größe sortieren und stapeln kann. Du wirst dann oft Holzklötze finden, auf die auch zum Beispiel Zahlen gedruckt wurden. Damit werden bei diesem Material das Konzept von Ordnung und das Konzept der Zahlen vermischt. Es ist aber wichtig, dass sich dein Kind auf das Lernen von einem Konzept nach dem anderen konzentrieren kann. Die sensiblen Phasen für Ordnen und Zahlen setzen zum Beispiel nacheinander ein. Wenn das Material beide Konzepte mischt, ist es für dein Kind schwer, sich auf ein Konzept zu konzentrieren. Ein junges Kind, das gerne die Klötze ordnen möchte, ist mit Zahlen noch nicht vertraut und eventuell verwirrt, was sie zu bedeuten haben. Ein älteres Kind dagegen, das sich für Zahlen interessiert, ist vielleicht gelangweilt von der Tätigkeit zu stapeln. Daher ist es wichtig, Materialien zu finden, bei denen sich dein Kind auf eine

Aufgabe konzentrieren kann. Jedes Material hat ein festgelegtes Endergebnis, welches das Kind erreichen soll. Bei einem Geruchsmemory gibt es zum Beispiel Paare, die das Kind finden soll.

Ein weiteres Kennzeichen von Montessori Materialien ist, dass sie dem Kind ermöglichen, Fehler zu erkennen. Besonders für kleine Kinder bis etwa drei Jahre ist es ideal, wenn die Korrektur durch das Material selbst stattfindet. Bei einem Puzzle beispielsweise muss dein Kind alle Teile richtig platzieren, damit es das Puzzle fertigstellen kann. Für ältere Kinder reicht es, das Endergebnis der Aufgabe zu kennen. Sie können dann selbst überprüfen, ob ihr Ergebnis übereinstimmt, mit dem was sie tun wollten. Zum Beispiel könnte sich ein älteres Kind vornehmen immer abwechselnd blaue und rote Perlen aufzufädeln. Es kann sich die Perlenkette dann während der Arbeit anschauen und selbst überprüfen, ob es die Perlen immer abwechselnd aufgefädelt hat.

In diesen Prozess soll lediglich eingegriffen werden, wenn dein Kind sich selbst oder andere durch sein Handeln gefährdet. Wenn es nur einen Fehler beim Nutzen des Materials macht, zum Beispiel Holzklötze in der falschen Reihenfolge aufeinanderstapelt, sollte keine Korrektur stattfinden. Es wird durch Wiederholung der Übung dazulernen und mit der Zeit in der Lage sein, sich selbst zu korrigieren.[6]

Zum richtigen Umgang mit dem Material gehört auch, dass dein Kind lernt, es nach dem Gebrauch wegzuräumen. Dein Kind sollte lernen, respektvoll mit ihnen umzugehen und sie gut zu pflegen.[7] Zeige deinem Kind, wo die Materialien hingehören. Hilf deinem Kind, wenn es Materialien nicht komplett

---

6 Vgl. Montessori, Maria. Dr. Montessori's Own Handbook, S. 19–20.
7 Vgl. Palmarola, Julia. (2018).

alleine aufräumen kann. Räumt ihr Materialien immer direkt weg, nachdem dein Kind sich nicht mehr damit beschäftigen möchte, wird es verstehen, dass Aufräumen mit dazu gehört.

Zudem sollten Materialien aus natürlichen Rohstoffen gefertigt und ungiftig sein. Das gilt ganz besonders für Materialien, die für Babys und Kleinstkinder gedacht sind. In diesem Alter wird alles gerne mit dem Mund erkundet. Plastik sollte möglichst vermieden werden, denn es bietet deinem Kind kaum sensorische Eindrücke.

Möchtest du die Montessori Pädagogik zu Hause erfolgreich umsetzen, sollten möglichst alle Spielzeuge von deinem Kind diesen Kriterien entsprechen. Bietest du deinem Kind dagegen Spielzeug an, dass es nicht fordert, zum Beispiel Spielzeuge, die anfangen zu blinken oder Geräusche machen, wenn man sie berührt, hat dein Kind davon keinen Nutzen. Denn es kann damit nichts machen, außer die Knöpfe zu drücken, die ein vorprogrammiertes Geräusch erzeugen. Seine Tätigkeit ist also sehr begrenzt, denn das Spielzeug macht das meiste von selbst. Es wird sich damit nur kurz beschäftigen, bis der Reiz des Neuen verflogen ist. Stell dir vor, jemand würde dir so ein Spielzeug geben und erwarten, dass du dich damit beschäftigst. Dir wäre sicherlich sehr schnell langweilig. Reicht dir dagegen jemand ein Sudoku oder Kreuzworträtsel, macht dir das wahrscheinlich mehr Spaß. Und das, obwohl es anstrengender ist, das Rätsel zu lösen, als einfach einen Knopf zu drücken. Außerdem, umso öfter du dich mit solchen Rätseln beschäftigst, umso mehr Spaß machen sie. Wie kommt das? Dein Gehirn belohnt dich jedes Mal mit Glückshormonen, wenn du eine richtige Lösung findest. Deswegen möchtest du weiter machen bis das Rätsel gelöst ist und dann bist du so stolz, dass du direkt das nächste machen möchtest. Genauso geht es deinem Kind mit den Montesori Materialien und Aktivitäten –

sie sind wie ein Rätsel, dass gelöst werden will. Und jedes Erfolgserlebnis, das dein Kind hat, motiviert es, sich neuen und immer schwierigeren Aufgaben zu stellen. Das ist der Grund, warum Kindern das Lernen nach Montessori Spaß macht. Spielzeuge dagegen, die von deinem Kind keine Interaktion fordern, lenken dein Kind eher ab als ihm bei der Entwicklung zu nutzen.

Ich gebe dir daher auch oft auch verschiedene Schwierigkeitsgrade für die Übungen, denn Ziel der Aufgabe ist es, dein Kind zu fordern. Das bedeutet, wenn dein Kind die Übung direkt beim ersten Anlauf meistert, war sie zu einfach. Du kannst dann die Übung etwas schwieriger gestalten. Wenn die Aufgabe aber so schwer für dein Kind ist, dass es frustriert wird und weit davon entfernt, sie zu lösen, ist die Aufgabe noch nicht geeignet. Du möchtest deinem Kind mit Montessori Erfahrungen bieten, bei denen es Erfolgserlebnisse hat. So bleibt es motiviert, sich neuen Herausforderungen zu stellen.

Misserfolg gehört aber zum Leben dazu. Damit dein Kind mit solchen Situationen besser umgehen kann, hilf ihm immer seine Gefühle einzuordnen. *„Ich kann verstehen, dass du gerade traurig bist. Es ist kein schönes Gefühl, wenn man sich Mühe gibt und es nicht klappt. Aber es ist okay, wir können es später noch einmal probieren."* Sprüche wie *„Ach, stell dich nicht so an."* oder *„Gib dir mehr Mühe."* helfen deinem Kind dagegen wenig.

Es hat sich ja Mühe gegeben, es aber trotzdem nicht geschafft. Damit dein Kind sich in seine Arbeit vertiefen und Konzentration aufbauen kann, ist es wichtig für die richtige Umgebung zu sorgen. Wenn dein Kind sich mit Montessori Materialien beschäftigt, sollte es in einem ruhigen Raum ohne äußere Ablenkungen sein. Zu Hause kann dies bedeuten, Fernseher und Radio sollten ausgestellt sein. So kann dein Kind lernen voll und ganz konzentriert in seiner Tätigkeit zu versinken.

1.5 Die Montessori Einrichtung im Kinderzimmer und zu Hause

Montessoris Pädagogik beschreibt die Umgebung neben dem Kind und dem Erwachsenen als dritten Erzieher. Die Umgebung soll an die speziellen Bedürfnisse des Kindes angepasst sein, damit es sich entwickeln kann. Es gibt daher einige Punkte, die du bei der Einrichtung deines Zuhauses beachten solltest.

1. Kinder-Möbel
Dein Kind sollte seine Möbel selbstständig nutzen können. Dazu gehört auch ein Tisch mit passendem Stuhl, der niedrig genug ist, damit seine Füße im Sitzen den Boden erreichen.

2. Schön eingerichtete Räum
Dekoriere den Raum mit Kunst und Pflanzen auf Augenhöhe deines Kindes.

3. Selbstständigkeit
Die Materialien für Aktivitäten sollten für dein Kind immer griffbereit sein. Du kannst zusammengehörende Materialien in Körben oder auf Tabletts aufbewahren. Überlege, wie du Materialien aufbewahren kannst, um dein Kind in seiner Selbstständigkeit zu unterstützen.

4. Einladende Materialien
Präsentiere die Materialien auf Augenhöhe deines Kindes, sodass sie gut erkennbar sind und dein Kind motiviert wird, sich mit ihnen zu beschäftigen. Große Spielzeugkisten mit gemischtem Inhalt solltest du vermeiden. Sie verstecken ihren Inhalt und machen ihn schwer zugänglich.

5. Weniger ist mehr

Präsentiere nur ein paar der Materialien. Wähle dabei die Materialien, mit denen sich dein Kind gerade am liebsten beschäftigt. So fällt ihm die Auswahl leichter.

6. Alles an seinem Platz

Besonders Kleinkinder haben einen starken Ordnungssinn. Wenn alles in deinem Haushalt seinen festen Platz hat, hilft es ihnen zu lernen, wo was hingehört. Das hilft ihnen auch beim Aufräumen.

7. Gehe auf Augenhöhe

Betrachte jeden Raum einmal aus der Perspektive deines Kindes. So kannst du sehen, wie sich der Raum für dein Kind anfühlt. Du erkennst dann besser, ob es Ablenkungen oder Sicherheitsrisiken für dein Kind gibt.

8. Rotiere die Materialien

Erschaffe Aufbewahrungsorte für Materialien, die dein Kind gerade nicht nutzt. Sie sollten so aufbewahrt werden, dass dein Kind sie nicht sieht. Gleichzeitig sollte alles ordentlich weggepackt sein, zum Beispiel in gleichen Kisten, die du in ein Regal stellst oder unter dem Sofa verstecken kannst. Wenn dein Kind eines oder mehre Materialien nicht mehr nutzt, kannst du es mit einem anderem austauschen.[8]

Materialien sollten also in Reichweite deines Kindes aufbewahrt und in seinem Blickfeld präsentiert werden. Dazu eignen sich niedrige offene Regale. Jedes Material erhält darin einen festen

8 Vgl. Davies, Simone, (k.A.), S. 97–98.

Platz. Die Materialien sollten dekonstruiert sein, das bedeutet die Teile liegen auseinander gebaut im Regal.

Körbe eignen sich gut, um Materialien derselben Art an einem gemeinsamen Ort aufzubewahren. So erkennt dein Kind direkt, dass diese Materialien zusammengehören.

Sobald dein Kind selbstständig sitzen kann, darf es bei deinen Mahlzeiten mit am Tisch sitzen. Dazu sollte es einen Hochstuhl haben. Für Kinder, die bereits laufen und klettern, empfiehlt sich ein Hochstuhl mit Auftritt-Möglichkeit, zum Beispiel ein TrippTrapp Stuhl. So können sie ihren Platz selbstständig erreichen.

Damit dein Kind auch höher gelegene Bereiche erreichen kann, sollte es einen Hocker oder Auftritt haben. Diesen kann es nutzen, sobald es gelernt hat, zu laufen und sicher alleine stehen kann. So kann es zum Beispiel alleine am Waschbecken stehen. Damit dein Kind leichter an die Arbeitsfläche in der Küche herankommt, um dir zu helfen oder dich einfach zu beobachten, empfehle ich dir einen „Lernturm" zu kaufen. Das ist ein kleiner Auftritt, der von einem Rahmen umgeben ist, so kann dein Kind nicht so leicht herunterfallen, wie von einem normalen Auftritt. Du findest dazu viele Angebote im Internet zum Beispiel auf *Amazon*.

Ganz allgemein sollte die Einrichtung deinem Kind ermöglichen, selbstständig zu werden und am Alltag teilzuhaben. Dazu gehört auch, dass die Einrichtung deinem Kind ermöglicht, alltägliche Aktivitäten selbstständig zu verrichten. Wenn es zum Beispiel lernt, sich alleine anzuziehen, muss es Zugriff auf seine Kleidung haben. Um sein Geschirr zum Tisch zu bringen, muss das Geschirr so aufbewahrt werden, dass es Zugriff darauf hat. Hilfreich sind auch Kleiderhaken auf Kinderhöhe, damit dein Kind alleine seine Jacke aufhängen kann.

Wenn dein Kind sich mit einem Material beschäftigt und es schließlich meistert, aber dann anfängt, das Material wider seinem Zweck zu nutzten – zum Beispiel in dem es das Material herumwirft – signalisiert es, dass es für den Moment fertig ist mit dieser Aktivität. Dein Kind sollte dann das Material aufräumen und kann etwas anderes tun. Vielleicht möchte es zum Beispiel nach einer Phase der Konzentration sich für eine Weile austoben.

1.6 Wie du alltägliche Aktivitäten als Lerngelegenheit nutzen kannst

In der Montessori Pädagogik nutzt du alltägliche Aktivitäten, wie zum Beispiel den Tisch decken, Nase putzen, Windeln wechseln und ähnliches als Lernmöglichkeit für dein Kind. Du hilfst ihm so, selbstständig zu werden und Verantwortung zu übernehmen. Die Motivation, diese Aktivitäten zu lernen, kommt aus deinem Kind heraus. Sie entsteht genauso wie durch Materialien. Die Aktivitäten sind Möglichkeiten für dein Kind, sich selbst zu beweisen, was es kann. Und wenn es dann etwas nach viel Übung zum ersten Mal schafft, wird es sich stolz fühlen. Endlich selbst die Hose angezogen zu haben, motiviert dein Kind, dann auch die Socken über die Füße zu bekommen. Wenn du dagegen, versuchst, dein Kind durch Belohnung oder Bestrafung zu motivieren, kommt die Motivation nicht von deinem Kind selbst. Dann wird es bei dem Lösen einer Aufgabe oder Durchführen von jeder alltäglichen Aktivität weniger lernen oder sich gar verweigern.

Deine Aufgabe ist es also nicht, dein Kind zu motivieren, sondern dafür zu sorgen, dass seine innere Motivation zu lernen hoch bleibt. Das schafftst du, in dem du ihm Aktivitäten anbietest, für die es sich interessiert und sie so gestaltest, dass es oft

Erfolgserlebnisse hat. Interesse bemerkst du dadurch, dass du dein Kind beobachtest. Achte darauf, mit welchen Materialien es sich gerne beschäftigt. Überlege dann, was ist eine Tätigkeit im Alltag, die daran anlehnt. Beschäftigt sich dein Kind mit Materialien zum Sortieren, hat es wahrscheinlich auch Freude daran, dir beim Sortieren von Geschirr oder Wäsche zu helfen. Beobachtet dich dein Kind genau bei einer Aktivität, ist das ebenso ein Zeichen seines Interesses, integriere dein Kind dann seinen Fähigkeiten entsprechend.

Wenn es während alltäglicher Handlungen nach etwas greift, bedeutet dies ebenso Interesse. Versucht es zum Beispiel die Zahnbürste beim Zähneputzen selbst zu greifen oder die Hose beim Anziehen mit in die Hand zu nehmen, lass es ruhig selbst ausprobieren, auch wenn es noch nicht bereit ist, die Aktivität selbst durchzuführen. So lernt dein Kind, dass es Dinge selbst probieren kann und bekommt das Selbstbewusstsein, seine Fähigkeiten immer wieder zu testen. Nimmst du dagegen jedes Mal seine Hand weg und sagst ihm *„das kannst du noch nicht“* wird es lernen, lieber nichts selbst auszuprobieren, weil Mama oder Papa das machen müssen. Du hälst dein Kind damit klein, anstatt ihm auf seinem Weg in die Selbstständigkeit zu helfen.

Die alltäglichen Aktivitäten, die ich in den folgenden Kapiteln nenne, sind daher keine Liste, die du abarbeiten sollst. Sie sind lediglich Beispiele für Aktivitäten, die viele Kinder in diesem Alter interessieren. Du selbst musst aber herausfinden, was für dein Kind gerade interessant ist. Du kannst ihm zwar Aktivitäten ab und zu einfach anbieten, wenn dein Kind allerdings kein Interesse hat, musst du das akzeptieren.

Welche alltäglichen Aktivitäten du mit deinem Kind machen kannst, hängt auch davon ab, wie sich dein Tag gestaltet. Überlege, was sind Aufgaben, die du täglich oder wöchentlich machst und welche könnte dein Kind mit dir machen. Dabei ist es nicht wichtig, ob dein Kind die Aktivität bereits perfekt ausführen könnte, sondern ob es die Voraussetzungen erfüllt, um sie zu lernen. Zum Beispiel ist es stark genug, um eine Schüssel mit Salat bis zum Tisch zu bringen? Und ist es groß genug, um sie auf den Tisch zu stellen?

Umso jünger dein Kind ist, umso mehr solltest du die einzelnen Schritte von komplexen Aufgaben herunterbrechen. Sodass aus einer großen Aufgabe, wie z.B. Spülmaschine ausräumen, mehrere kleine werden, wie z.B. Geschirr sortieren, Teller wegräumen, Tassen wegräumen und so weiter. Umso mehr Vertrauen du deinem Kind schenkst, umso stolzer wird es sein, wenn es sieht, wie viel es schon alleine machen kann.

Wenn du deinem Kind eine neue Aktivität zeigen möchtest, gehst du genauso vor wie bei der Einführung eines neuen Materials. Mache sie deinem Kind einmal vor. Zeige deinem Kind zum Beispiel, wie man eine Hose anzieht. Dann gib ihm die Möglichkeit, es selbst zu probieren. Wenn es nicht weiterweiß und Hilfe braucht, zeige ihm einfach noch einmal, wie es geht. Dabei ist es hilfreicher, wenn du vormachst, wie du dir die Hose anziehst. So kann dich dein Kind besser beobachten, als wenn du ihm die Hose anziehst.

Dein Kind soll durch das Erlernen alltäglicher Aktivitäten nach und nach selbstständig werden und seinen Alltag mit immer weniger Hilfe alleine meistern können. Hat es also einmal gelernt, etwas alleine zu tun, solltest du ihm diese Selbstständigkeit an einem anderen Tag nicht wieder wegnehmen, nur weil es schnell gehen muss.

Der Lernprozess baut in der Montessori Pädagogik immer aufeinander auf. Das Kind muss also zunächst viele sensorische und alltägliche Erfahrungen machen. Trotzdem kannst du eine

Erziehung nach Montessori in jedem Alter starten. Du musst aber eventuell dein Kind zunächst auf seinem bisherigen Stand abholen. Schau dir dazu die Kapitel an, die Kinder von null bis drei Jahren betreffen und überlege, ob dein Kind solche oder ähnliche Aktivitäten bereits gemacht hat. Gib ihm dann die Möglichkeit, Erfahrungen und Aktivitäten eventuell nachzuholen. Lernen durch sensorische und alltägliche Aktivitäten ist die Grundlage, um später komplexere Zusammenhänge zu verstehen.

***

In den kommenden Kapiteln findest du, aufgeteilt in verschiedene Altersklassen Beispiele, wie sich all diese Theorie leicht in die Praxis umsetzen lässt. Dabei erkläre ich dir auch die speziellen Bedürfnisse von Kindern unterschiedlichen Alters.

2. Montessori Aktivitäten für Babys (0–12 Monate)

Ganz besonders für Neugeborene und Babys gilt Montessoris Grundsatz, *dem Kind zu folgen*. Die Erziehung nach Montessoris Methode hat zwar das Ziel der Selbstständigkeit, jedoch bedeutet dies nicht, dass du dein Baby von Geburt an zur Selbstständigkeit drängen sollst. Dein Kind soll sich in seinem eigenen Tempo entwickeln dürfen, ohne Druck von außen.

Montessori geht davon aus, dass jedes Kind von sich aus Selbstständigkeit erreichen möchte. Es wird dieses Ziel ganz von selbst, in seinem eigenen Tempo anstreben. Dazu nutzte dein Baby seine Sinne. Es erfasst seine Umwelt durch Sehen, Hören, Fühlen und Schmecken.[9]

Dein Neugeborenes ist aufgrund seiner fehlenden Mobilität zu Beginn vollkommen abhängig von dir und anderen betreuenden Personen. Du suchst aus, welche Aktivitäten du deinem Baby anbieten möchtest. Daher ist es wichtig, dass du versuchst herauszufinden, womit sich dein Neugeborenes beschäftigen möchte.

9 Vgl. Montessori, 1959, S. 124.

Nur wenn dein Neugeborenes offen für eine Aktivität ist, kann es dabei auch lernen. Wenn es nicht bereit ist für eine Aktivität, wird es das zuerst durch seinen Blick deutlich machen. Dein Neugeborenes wird den Kopf abwenden und vielleicht auch anfangen zu weinen. Achte daher genau darauf, wie es reagiert, wenn du ihm etwas anbietest. Wenn es kein Interesse hat, kannst du es einfach zu einem anderen Zeitpunkt versuchen. Jeder Mensch braucht ein Gefühl von Sicherheit, um lernen zu können, ansonsten sind wir nicht aufnahmebereit. Dieses Gefühl von Sicherheit bekommt dein Kind, wenn du auf seine Bedürfnisse eingehst. Sind alle seine Bedürfnisse nach Nähe, Zuwendung, Nahrung und Schlaf gestillt, ist es bereit, die Welt zu erkunden.

Mache dir aber besonders in den ersten Wochen nach der Geburt keinen Stress. Du musst nicht direkt anfangen, jede der genannten Aktivitäten mit deinem Neugeborenen durchzuführen. Du wirst sehen, ich nenne ohnehin nur wenige Aktivitäten, die du mit einem Neugeborenen machen kannst. Nutze die ersten Wochen, damit ihr euch an eure neue Situation gewöhnen könnt. Es ist in der ersten Zeit wichtiger, eine Routine zu schaffen, in der ihr euch gut fühlt und mit der ihr zurechtkommt. Es ist auch die Zeit, in der du mit deinem Neugeborenen eine Bindung aufbaust. Das sollte einen Vorrang haben vor allen Aktivitäten.

2.1 Die Grobmotorik deines Babys fördern

Die Entwicklung der Grobmotorik ist gerade für Babys extrem wichtig. Dabei nutzt dein Baby seinen gesamten Körper oder mehrere Muskelgruppen, um sich zu bewegen. Um später alltägliche Aktivitäten durchzuführen, braucht dein Baby die Fähigkeit seinen Körper sicher bewegen zu können. Die Entwicklung von Grobmotorik geschieht von allein, wenn du deinem Baby genügend Möglichkeit dazu gibst.

Dein Baby wird mit der Zeit seinen eigenen Körper entdecken und nutzen lernen. Es wird seine Grobmotorik entwickeln alleine durch seinen Drang zur Selbstständigkeit. Dazu gehört das Greifen von Objekten genauso wie das Drehen von der Bauch- in die Rückenlage und umgekehrt, das Hochstützen in den Vierfüßler Stand, das Krabbeln, das Hochziehen an Gegenständen und schließlich das Laufen. Denn sobald dein Baby gelernt hat zu krabbeln, robben und sich an Gegenständen hochzuziehen, erfährt es durch die gewonnene Mobilität auch eine viel größere Selbstständigkeit. Es kann sich nun alleine zu vielen neuen Objekten hinbewegen, die es erkunden möchte. Mach dir nicht zu viel Gedanken darum, wann dein Kind laufen lernt. Solange keine körperliche Beeinträchtigung besteht, gib deinem Kind die Zeit, die es braucht. Wertschätze die Zeit des Krabbelns als etwas Positives. Forschungen haben gezeigt, dass durch die unabhängige Bewegung beider Körperhälften beim Krabbeln, die zwei Gehirnhälften des Kindes untereinander stärkere Verknüpfungen bilden. Dieser Schritt der motorischen Entwicklung hat also einen großen Einfluss auf die kognitive Entwicklung und die Intelligenz. Wenn dein Kind lieber länger krabbeln möchte, ist das also absolut nichts Negatives. Besonders große und kräftige Kinder scheinen oft länger zu brauchen, bis sie lernen sich aufzusetzen, zu krabbeln und zu laufen. Da sie mehr Gewicht haben, müssen sie vorher stärkere Muskeln aufbauen, um ihren Körper zu stützen.

Deinem Baby die Freiheit zu geben, all diese Schritte der grob motorischen Entwicklung zu durchlaufen, ist zunächst wichtiger als die Förderung der Feinmotorik durch zum Beispiel Puzzeln. Die Entwicklung der Grobmotorik ist Grundlage für späteres Lernen. Wenn dein Baby gelernt hat, frei und eigenständig zu sitzen, kann es sich selbstständig mit Puzzeln oder dem Bauen von Türmen zu beschäftigen.

Auch die richtige Einrichtung des Kinderzimmers hilft, einen geeigneten Platz zu schaffen, an dem dein Baby sich viel bewegen kann. Daher habe ich zwei Tipps, die du in deinem Kinderzimmer umsetzen kannst.

Teppich

Um deinem Baby einen sicheren Platz zu geben, auf dem es üben kann, sich zu drehen oder in den Vierfüßler Stand aufzurichten, eignet sich ein großer, weicher Teppich. Dort kann es sich bequem aufhalten. Es kann sich ohne Einschränkungen bewegen und so lernen, sich von dem Bauch auf den Rücken und zurückzudrehen und erste Krabbel-Versuche starten. Du kannst ihm dort Materialien zur Erkundung anbieten, mit ihm Bücher betrachten oder etwas vorsingen.

Spiegel

Ab ungefähr einem Jahr können Kinder sich selbst erkennen. Das ist ein enorm großer Schritt in der kognitiven Entwicklung des Kindes und die Grundlage zum Entdecken der eigenen Identität.

Das eigene Spiegelbild ist aber auch vorher schon für Babys sehr interessant. Wenn du über dem Teppich auf Bodenhöhe einen großen Spiegel anbringst, kann sich dein Baby dort beobachten und seinen Anblick erforschen. Der Spiegel sollte möglichst breit sein. Der Spiegel ist eine tolle Art, dein Kind zu animieren, sich darauf zu zubewegen, um ihn genauer betrachten zu können. Er kann also auch bei der motorischen Entwicklung hilfreich sein. Für Babys, die sich bereits aufrichten und festhalten können, kann auch etwas zum Festhalten vor dem Spiegel gestellt werden. So kann sich dein Baby beim Aufrichten beobachten.[10]

2.2 Den Spracherwerb deines Babys fördern

Sprache lernt dein Baby am besten, wenn es ständig davon umgeben ist. Daher empfehle ich dir hier verschiedene Wege, wie du Sprache in den Alltag deines Babys integrieren kannst. Es sind keine speziellen Methoden Montessoris, sie werden dir aber helfen, das Leben deines Babys mit Sprache zu füllen. Sein innerer Antrieb wird dann genügen, dein Baby zu motivieren, selbst Laute zu produzieren.

Sprache im Alltag

Die sensible Phase für Sprache beginnt mit der Geburt. Schon im Mutterleib kann dein Baby die Stimme der Mutter hören. Genauso wie die Stimmen von anderen Menschen, die in der unmittelbaren Umgebung der Mutter sprechen.

Diese vertrauten Stimmen zu hören, gibt deinem Baby ein Gefühl von Sicherheit. Sprache hilft deinem Baby nicht nur sich zu beruhigen, sie wird von ihm wie von einem Schwamm aufgesaugt. Bezugspersonen sind für Babys und Kleinkinder die wichtigsten Vorbilder. Sie lernen Sprache, in dem sie uns beim Sprechen beobachten und zuhören. Um die sprachliche Entwicklung deines Babys zu fördern, hilft es, wenn du ihm deine Handlungen oder Objekte, die es sehen kann, beschreibst und

10 Vgl. Palmarola, 2018.

benennst. Um alltägliche Handlungen mit Sprache zu begleiten, erkläre in einfachen Worten, was du tust. Zum Beispiel benenne die Kleidung, während du sie an- und ausziehst. Oder erkläre, was du gerade tust. *„Zuerst muss ich dein Jäckchen ausziehen…“*, *„Schau, das ist deine frische Windel, die ziehen wir jetzt an!“* Versuche dabei möglichst deinem Baby zugewandt zu sprechen. So kann es sowohl den Klang deiner Worte verinnerlichen als auch die passenden Bewegungen deines Mundes.

Vielleicht kommt es dir am Anfang merkwürdig vor, weil du natürlich keine Antwort von deinem Baby bekommst. Aber wenn du dein Baby dabei anschaust, kannst du sehen, dass es dich ganz genau beobachtet. Mit der Zeit wird es ganz natürlich für dich, Sprache in den Alltag deines Babys zu integrieren.

Lieder, Reime und Fingerspiele

Lieder und Reime geben Worten Rhythmus und eine deutliche Betonung. Sie sind daher eine enorme Unterstützung bei dem Spracherwerb. Wenn wir singen, einen Reim oder ein Fingerspiel aufsagen, hilft es Kindern durch die besondere Betonung der Wörter, die Struktur von Sprache besser zu verstehen. Fingerspiele eignen sich besonders für Babys und Kleinkinder bis drei Jahre, weil sie Worte mit symbolischen Handlungen verbinden. Sie verlangen aber eine Situation, in der du deine Hände frei hast. Zum Beispiel während ihr gemeinsam auf dem Boden sitzt und du dich gezielt mit deinem Baby beschäftigen möchtest.

Wenn du nicht die beste Singstimme hast und dich etwas unwohl fühlst, frei zu singen, kannst du im Hintergrund eine CD laufen lassen. Es ist aber wichtig, nicht nur die CD laufen zu lassen, sondern auch mitzusingen. Dein Baby lernt Sprache nur durch die Verbindung mit einer sozialen Interaktion.

Reime lassen sich genauso wie Singen gut in alltägliche Handlungen zu Hause einbauen. Du kannst zum Beispiel das Wickeln einleiten, indem du davor immer denselben Reim aufsagst. Regeln und Strukturen helfen Babys, ihren Alltag zu verstehen und geben ihnen ein Gefühl von Sicherheit.

Zweisprachige Babys

Sollte dein Baby zwei- oder sogar mehrsprachig aufwachsen empfiehlt es sich, jeweils einer Person eine Sprache zuzuweisen. Sprichst du zum Beispiel Deutsch, dein Partner Französisch und ihr wohnt in England, könnt ihr ausmachen, dass jeder in seiner Sprache mit dem Baby redet. Du sprichst mit deinem Baby ausschließlich Deutsch, dein Partner ausschließlich Französisch und wird es zusätzlich in einer Einrichtung betreut, hört es dort ausschließlich Englisch. Meist dauert es bei mehrsprachigen Kindern etwas länger, bis sie selbst anfangen Sprache zu verwenden, sie scheinen die verschiedenen Sprachen aber schon früh unterscheiden und verstehen zu können.

2.3 Dein Baby im Alltag teilhaben lassen

In dem du deinem Baby so bald wie möglich die Chance gibst, Teil deines Alltages zu sein, erhält es dadurch auch viele Möglichkeiten zu lernen. Die Methoden, die ich vorstellen möchte, sind nicht spezielle Montessori Aktivitäten, lassen sich aber gut in eine Erziehung nach Montessori integrieren.

Babytragen

Verlangt dein Baby nach Nähe und möchte sich nicht ablegen lassen, kannst du es einfach mit dir herumtragen, während du deine Aufgaben erledigst. Dazu empfiehlt sich der Gebrauch eines Tragetuches oder einer Baby-Trage. So hast du deine Hände frei, um deinen alltäglichen Aufgaben nachzugehen. Das Baby kann dabei die Welt aus deiner Perspektive sehen, dich bei alltäglichen Handlungen wie z.B. der Vorbereitung von Essen beobachten und du kannst es dabei durch Sprache begleiten.

Ist dein Kind viel bei dir, gibt ihm das zudem ein Gefühl von Geborgenheit. Außerdem bekommt sein Gleichgewichtsinn viele Reize und wird so gefördert. Seine Sensorik und Motorik profitieren ebenso von den vielen Umweltreizen, die es beim Herumtragen erhält. Zudem wird die Verknüpfung beider Hirnhälften gefördert, was sich positiv auf die Fähigkeit deines Kindes zu Lernen auswirkt.[11] Vor dem Gebrauch einer Baby-Trage oder eines Tragetuches, solltest du dich aber über den richtigen Gebrauch informieren, um Haltungsschäden zu vermeiden.

---

11 Vgl. Masaracchia & Schneider, 2009, S. 52.

Baby led Weaning

Übersetzt bedeutet *Baby led Weaning*, vom Baby bestimmtes Absetzen. Und zwar geht es hier um das Absetzen von Muttermilch oder Milch-Ersatz. Wie der Name schon sagt, darf dabei dein Baby selbst bestimmen. Die Voraussetzung für einen ersten Versuch ist, dass dein Baby bereits selbstständig sitzen kann. Das aufrechte Sitzen während der Nahrungsaufnahme verhindert, dass sich dein Kind verschluckt.

Die Grundidee von *Baby led Weaning* ist, dass das Baby an den Familienmahlzeiten teilhaben und dabei selbstständig essen darf. Ihm wird dabei ausschließlich festes Essen angeboten – kein Brei! Zeigt das Baby Interesse an der Nahrung, kannst du ihm regelmäßig verschiedene Lebensmittel anbieten.

Dazu eignen sich zum Beispiel Nudeln oder ein Stück gekochtes Gemüse. Das Lebensmittel sollte nicht zu klein geschnitten oder dünn sein. Eine einzelne Spaghetti lässt sich von einem Baby kaum greifen. Einfacher wäre zum Beispiel eine Spiralnudel. Es lernt dabei, richtig zu kauen und zu schlucken.[12] Beides braucht etwas Zeit, um erlernt zu werden.

Durch das Greifen der Nahrung verbessert sich die Hand-Augen-Koordination. Und das zum Mund führen der Nahrung trainiert seine Arm-Motorik und seine kognitiven Fähigkeiten, denn es kann seinen eigenen Mund ja nicht sehen. Daher braucht dein Baby etwas Übung und Erfahrung, um zu lernen, wie etwas mit der Hand direkt in den offenen Mund geführt werden kann.

Du siehst also, es ist eine Aktivität, die einen großen Lernprozess beinhaltet und das Baby in seinem eigenen Tempo zur

12 Vgl. Rapley & Murkett, 2008, S. 12.

größeren Selbstständigkeit führt. Diese Methode passt daher perfekt zu Montessoris Grundsätzen.

Die feste Nahrung ersetzt die Muttermilch oder Ersatz-Milch aber nicht direkt. Viele Babys werden zu Beginn nicht genügend Kalorien aufnehmen. Biete daher deinem Baby zur Ergänzung weiterhin Milch an bis mindestens das erste Lebensjahr vollendet ist. Wie viel Milch es trinkt und wie viel feste Nahrung es zu sich nimmt, entscheidet dein Baby aber selbst.[13]

Isst dein Baby zum ersten Mal feste Nahrung, ist es ganz normal, dass es sich öfters mal verschluckt. Mahlzeiten sollten daher nur unter Aufsicht stattfinden. Runde Nahrung wie Kirschtomaten oder Trauben sollten in Hälften geschnitten werden, damit sie nicht aus Versehen im Ganzen verschluckt werden und die Atemwege blockieren.

Windeln wechseln

In den ersten Monaten wirst du sehr viele Gelegenheiten erhalten, dich intensiv mit deinem Baby zu beschäftigen unter anderem jedes Mal, wenn du ihm die Windeln wechselst. Anstatt diese Tätigkeit als notwendig aber störend zu betrachten, nutze das Windeln wechseln als Möglichkeit, den Bund zwischen dir und deinem Baby zu stärken. Betrachte diese Aufgabe als etwas Positives und gestalte sie dementsprechend.

Sprich mit deinem Baby, wenn du seine Windel überprüfst und du es zum Wickeltisch bringst. Sage ihm Bescheid, was du vorhast. *„Ich überprüfe eben mal deine Windel.“* Versuche das Windeln wechseln als Ritual zu gestalten, indem du immer gleich vorgehst und interagiere dabei mit deinem Baby. Du kannst das

13 Vgl. Rapley & Murkett, 2008, S. 17.

Wickeln zum Beispiel mit einem Reim oder Fingerspiel einleiten. Während du die Windeln wechselst, erkläre deine Handlungen. *„Zuerst müssen wir die Hose ausziehen, dann noch den Body aufmachen und schau, da ist schon die Windel."*

Ist dein Baby schlecht gelaunt, zum Beispiel weil es müde ist, passe deinen Ton daran an. Wenn es keine Freude an dem üblichen Ritual hat, kürze das Wickeln einfach ab. Stattdessen kannst du in einem beruhigenden Ton mit ihm reden. *„Ich weiß, du bist müde, wir machen noch schnell eine frische Windel und dann geht's schon schlafen!"*

Sobald dein Kind mobiler wird, steigt sein Interesse, seine neuerworbenen Fähigkeiten zu nutzen und es möchte mehr beteiligt werden. Wie du das beim Wickeln umsetzen kannst, erkläre ich später im Buch (Kapitel 3.2 Alltägliche Aktivitäten – Windeln wechseln).

2.4 Materialien zur Förderung von Sensorik und Feinmotorik

Jedes Mal, wenn du deinem Baby ein neues Material vorstellst, musst du ihm den richtigen Umgang vormachen. Dann darf dein Baby das Material selbst ausprobieren. Es sollte nicht korrigiert werden, wenn es einen Fehler bei der Ausführung macht. Denn Fehler gehören ganz natürlich zum Lernprozess dazu. Es kann sein, dass du deinem Baby den Umgang mit einem Objekt vorgemacht hast, es zeigt aber kein Interesse, dein Handeln zu imitieren. Das bedeutet, es ist noch nicht bereit für diese Aufgabe. Beobachte dann, an welchen anderen Handlungen dein Baby Interesse hat und gib ihm den Raum, sich mit diesen zu beschäftigen. Du kannst dann später das Material erneut vorstellen. Manche

Materialien sind auch erst sinnvoll, wenn dein Baby körperlich weit genug entwickelt ist, um die Materialien nutzen zu können. Zum Beispiel, weil es aufrecht sitzen können muss. Ich fange daher mit den einfachsten Materialien für Neugeborene an. Für die anderen Materialien gebe ich Hinweise, ab wann dein Baby sie etwa nutzen kann.

Mobiles

Dein Neugeborenes hat noch nicht seine volle Sehschärfe entwickelt. Ein Mobile kann ihm helfen zu üben, seinen Blick zu fokussieren, indem es ihm etwas Interessantes zu betrachten gibt. Damit das Mobile für dein Neugeborenes einen Anreiz bietet, sollte es aus sehr einfachen geometrischen Formen und kontrastreichen Farben bestehen. Zu Beginn wählst du am besten schwarz und weiß, später dann kräftige Farben. Du kannst auch nach *Gobbi-Mobiles* suchen oder eins selbst basteln. Sie erfüllen nämlich genau diese Bedingungen. Im Internet findest du viele tolle Ideen dazu. Das Mobile sollte möglichst nah im Sichtfeld deines Neugeborenen aufgehängt werden, um Verletzungsgefahr zu vermeiden aber außerhalb seiner Reichweite. Das Mobile solltest du nur aufhängen, wenn dein Neugeborenes gute Laune hat und aufnahmebereit ist. Wenn es Interesse am Mobile verliert, kannst du ihm ein neues Mobile mit einer anderen Form und oder Farbe anbieten.[14]

14 Vgl. Palmarola, Julia.

Schwarz-weiße Bilder

Eines der ersten Materialien, das du mit deinem Baby nutzen kannst, sind schwarz-weiße Bilder. Ab etwa zwei Monaten kannst du deinem Baby solche Bilder zeigen.[15] Da sich die Sehschärfe im Laufe des ersten Jahres erst voll entwickelt, ist es wichtig, besonders kontrastreiche große Abbildungen zu nutzen in etwa DIN A4 Größe. Nutze Bilder, die den Alltag deines Babys darstellen, zum Beispiel euer Haustier oder ein Haus. Die Bilder sollten nicht zu detailreich sein, damit sie leicht zu erkennen sind. Es reicht, sich auf etwa 15 verschiedene Abbildungen zu beschränken. Du zeigst dem Baby die Abbildungen, indem du sie in das Blickfeld hältst. Du kannst ihm so nach und nach die unterschiedlichen Bilder zeigen. Es übt dadurch, seinen Blick zu fokussieren und du machst es mit den unterschiedlichen Formen vertraut. Sobald das Kind oft wegschaut oder sogar anfängt zu weinen, ist die Übung beendet.

Greif-Ringe

Ab etwa zwei Monaten fangen Babys an, nach Objekten zu greifen. Damit dein Baby das Greifen und wieder Fallen lassen von Objekten üben kann, stelle ihm Greif-Ringe zur Verfügung. Diese sind so entworfen, dass dein Baby sie leicht greifen und halten kann. Stelle dich darauf ein, dass der Ring gleichzeitig auch als Beißring genutzt werden wird, sobald die ersten Zähne kommen. Achte daher darauf, dass das Material nicht giftig ist und stabil genug, damit nichts abbricht oder abgebissen werden kann.

---

15 Vgl. Palmarola, Julia.

Rasseln

Genauso wie Greif-Ringe sind Rasseln toll für Kinder, die gerade lernen, Objekte zu greifen. Durch das Geräusch sind sie meist noch interessanter als Greif-Ringe. Wenn du deinem Kind die Rassel zum ersten Mal gibst, kannst du sie selbst ein paar Mal schütteln, um vorzumachen, wie man sie benutzt. Zuerst wird dein Kind mit der Rassel nur zufällig Geräusche machen. Am Anfang versteht es noch nicht, dass seine Armbewegung das Rasseln erzeugt. Durch viele Wiederholungen erkennt es aber den Zusammenhang. Es hat dann viel Freude daran, selbst Geräusche erzeugen zu können. Diese Freude motiviert es, seine Armbewegung zu verfeinern und besser zu kontrollieren, um das Geräusch immer und immer wieder hervorbringen zu können.

Schiebe-Autos

Holzautos oder anderes Spielzeug, das sich leicht rollen lässt, ist gut geeignet für dein Baby. Im Prinzip kann es sich damit schon beschäftigen, sobald dein Baby auf dem Bauch liegen kann. Selbst aus dieser Position heraus kann es seinen Arm frei genug bewegen, um das Auto anzuschubsen. Rollt das Auto außer Reichweite, motiviert es dein Baby, sich zu bewegen, um es erneut zu erreichen.

Bücher

Für Babys eignen sich vor allem sehr einfache Bilderbücher mit großen realistischen Abbildungen von Alltagsgegenständen. Ihr könnt euch das Buch gemeinsam anschauen, dabei deutest du auf den Gegenstand und benennst ihn.

So lernt dein Baby, dass Gegenstände und Sprache miteinander verknüpft sind. Dieser Effekt fehlt beim Vorlesen von komplexeren Geschichten. Voraussetzung, um diese zu verstehen, ist, dass das Kind bereits viele Wörter mit Gegenständen und Handlungen verknüpfen kann. Und dass es aufgrund dieser Verknüpfungen die Geschichte in seiner Vorstellung nachvollzieht. Deinem Baby fehlen diese Grundvoraussetzungen noch. Wenn du ihm aber trotzdem eine Geschichte zum Beispiel als Gute Nacht Ritual vorlesen möchtest, kannst du das gerne tun. Es wird zwar die Wörter nicht verstehen, aber es erkennt deine Stimme. Dein Baby wird vertraut mit dem Klang von Sprache, all den verschiedenen Lauten, die du machst und es wird bald versuchen, sie zu imitieren.

In der Natur

Auch außerhalb deiner Wohnung warten viele neue Eindrücke auf dein Baby. Beim Einkaufen oder einem Spaziergang durch eine volle Fußgängerzone wird dein Baby mit extrem vielen Reizen konfrontiert. Manchmal so viele, dass sie kaum verarbeitet werden können. Suchst du dir dagegen einen ruhigen Platz in der Natur, zum Beispiel auf einer Wiese, im Park oder in deinem Garten, kann dein Baby dort neue Eindrücke verarbeiten. Ihr könnt gemeinsam auf einer Decke sitzen oder liegen.

Kann dein Baby sich noch nicht alleine fortbewegen, wird es vielleicht gerne unter einem Baum auf dem Rücken liegen. Die Blätter des Baumes wirken dann wie ein Mobile, dass dein Baby zum genaueren Betrachten einlädt. Oder du legst es an den Rand der Decke auf den Bauch, sodass es die Wiese befühlen kann. Bestimmt dauert es nicht lange, bis es einen Stein oder Blatt gefunden hat, nach dem es greifen möchte. Alles, was dein

Baby mit seinen Händen erfassen kann, wird früher oder später auch in seinem Mund landen. Solange dein Baby ein gesundes Immunsystem hat, ist das allerdings nicht allzu schlimm.

Dein Kind kann draußen auch andere Geräusche wahrnehmen als drinnen. Das Rauschen der Blätter, der Gesang einiger Vögel, die Stimmen vorbeigehender Menschen laden dein Baby dazu ein, genau hinzuhören und sich mit den neuen Geräuschen vertraut zu machen.

Wenn dein Baby schon etwas mobiler ist und alleine sitzen kann, wird es auch gerne einen Sandkasten erkunden. Dort kann es den Sand befühlen und mit seinen Händen bewegen. Du kannst ihm auch zeigen, wie es ein Förmchen mit Sand befüllen kann. Mache ihm dann vor, wie man das Förmchen umdreht und hochhebt, um eine Figur aus Sand zu erschaffen. Es wird die Figur mit den Händen kaputt machen, um dann eine neue schaffen zu wollen. Diese Aktivität fördert die Hand-Augen-Koordination und Motorik deines Babys, dabei bekommt es viele sensorische Eindrücke durch das Anfassen des Sandes.

Fühl-Korb

Du kannst deinem Baby auch einen Korb mit verschiedenen Textilien zur Verfügung stellen. Dazu eignen sich vor allem dickere Stoffe, die es nicht aus Versehen zerreißen wird. Achte auch darauf, dass die Stoffe keine Fäden ziehen. Nutze zum Beispiel ein Stück Kord, Baumwolle, Samt oder ein Stück von einem Handtuch. Die Struktur der Stoffe sollte möglichst unterschiedlich sein. Zeige deinem Baby, wie du die Stoffe mit der Hand befühlst, du kannst sie auch über deine Wange streichen. Dann gib deinem Baby einen der Stoffe und lass es erkunden. Rechne damit, dass es die Stoffteile auch in den Mund nehmen wird, um sie zu befühlen. Daher sollten sie oft gewaschen werden.

Puzzle

Dein Baby sollte frei sitzen können, bevor du ihm zum ersten Mal ein Puzzle anbietest. Aus einer liegenden Position heraus hat es nicht genügend Bewegungsfreiheit, um diese Aufgabe zu meistern. Als erstes Puzzle eignen sich Holzpuzzle, die aus einem Holzbrett mit Vertiefungen und Puzzleteilen mit kleinem Griff bestehen. Der Griff hilft, den „Pinzetten-Griff" zu üben. Für den Pinzetten-Griff nutzt dein Baby den Daumen, Zeige- und Mittelfinger, um kleine Gegenstände zu greifen. Da jedes Teil nur in die vorgesehene Vertiefung passt, gibt es nur einen Lösungsweg. Zu Beginn sollte das Puzzle aus nur einem Teil bestehen. Die einfachste Form, mit der du beginnen solltest, ist ein großer Kreis. Die Möglichkeit Fehler zu machen, ist hier am geringsten. So kann sich dein Baby zunächst allein auf die Herausforderung konzentrieren, das Teil herauszunehmen und wiedereinzusetzen. Als Nächstes könntest du ein Puzzle aus einer anderen einfachen Form wie zum Beispiel ein großes Viereck anbieten. Nun muss das Puzzle Teil nicht nur zur Öffnung gebracht werden, sondern auch in die richtige Position gedreht werden.

Sobald eine Form gemeistert wurde, kannst du wieder eine neue Form einführen. Und danach auch Puzzle mit zwei Teilen, drei Teilen und so weiter. So lernt dein Baby unterschiedliche Formen kennen und sie zu unterscheiden. Es übt außerdem seine Feinmotorik, um die Teile richtig in ihre Vertiefung zu stecken.

Spielzeug zum Sortieren

Seit seiner Geburt befindet sich dein Baby in der sensiblen Phase für Ordnung. Es hat daher Freude daran, seine Umwelt zu ordnen und sortieren. Um diesem Drang nachzugehen, eignen sich für dein Baby Materialien, die es nach Größe oder Form sortieren kann. Sobald dein Baby alleine frei sitzen kann, stelle ihm Materialien wie die folgenden vor:

1. Holzringe

Besorge große Holzringe, die von groß nach klein auf einen Stab gesteckt werden können. Dicke Ringe sind für dein Baby einfach zu greifen und zu stapeln. Der Stab, auf den die Ringe aufgesteckt werden, gibt ihnen Halt und bietet deinem Baby Orientierung beim Lösen der Aufgabe. Die Ringe können, nachdem sie aufgesteckt wurden, nicht mehr herunterfallen.

2. Holzklötze

Etwas schwieriger sind Holzklötze, die dein Baby von groß nach klein aufeinander stapeln kann, denn sie verlangen eine bessere Feinmotorik. Wird ein Holzklotz nicht mittig gesetzt, kann er herunterfallen. Mache dich darauf gefasst, das direkt nach Erbauen des Turms, dieser mit genauso viel Freude zerstört wird, bevor ihn das Baby wieder aufbaut.[16]

3. Formen-Würfel

Noch etwas schwieriger sind Materialien, bei denen die Teile aufgrund ihrer Form sortiert werden müssen. Nur das Teil mit der richtigen Form passt dabei in die vorgesehene Öffnung.

---

16 Vgl. Montessori, (k.A.), S. 19.

Solches Material ist meistens als Würfel zu finden. Auf jeder Seite des Würfels sind Öffnungen mit verschiedenen geometrischen Formen. Dazu gibt es verschiedene Holzblöcke, die jeweils dieselbe Form haben wie die Öffnungen. Jedes Teil passt nur in die Öffnung mit derselben Form. Wenn dein Baby zuvor Puzzle mit verschiedenen Formen kennengelernt hat, wird es diese Aufgabe schneller verstehen.

4. Mehrschichtige Puzzle

Es gibt auch Puzzle, die mehrschichtig aufgebaut sind. Die Teile passen nur hinein, wenn sie in der richtigen Reihenfolge von klein nach groß eingelegt werden. Für dein Baby solltest du bei dieser Art von Puzzle darauf achten, dass jede Schicht aus nur einem Teil besteht.

3. Montessori Aktivitäten für Kleinkinder (12–36 Monate)

Während dem ersten Lebensjahr macht dein Baby einige Entwicklungsschritte und wird viel selbstständiger. Alles, was es bisher gelernt hat, dient ihm als Grundlage für seine weitere Entwicklung. Dein Kind wird gelernte Bewegungen verfeinern und perfektionieren. Es wird seine Hände als präzises Werkzeug nutzen, um alltägliche Aufgaben zu meistern und es wird seine Umwelt mit seinen Sinnen noch weiter erforschen.

Das folgende Kapitel behandelt eine Zeitspanne von 24 Monaten. Die Aktivitäten, die ich vorstelle, kannst du deinem Kind ab etwa 12 Monaten anbieten. Bei den meisten hast du die Möglichkeit ihre Schwierigkeit dann nach und nach zu steigern. Sie werden dadurch Schritt für Schritt komplexer. Wenn dein Kind mit 12 Monaten noch kein Interesse zeigt, oder die Aktivitäten noch nicht perfekt ausführen kann, ist das vollkommen okay. Wie immer gilt: Dein Kind darf in seinem eigenen Tempo lernen. Die Motivation sich mit etwas zu beschäftigen, sollte aus ihm herauskommen, nicht durch einen von uns aufgestelltem Lehrplan.

3.1 Entwicklung der Grobmotorik durch Bewegung und Toben

Dein Kind hat bereits gelernt zu laufen oder wird sehr bald schon dazu in der Lage sein. Zu Beginn sind die Schritte noch wackelig und unkoordiniert. Doch bald gewinnt es Selbstvertrauen in sich. Nun wird es kaum noch zu stoppen sein in seinem Drang, sich ständig zu bewegen, zu laufen, zu rennen und zu klettern. Montessori warnt davor, den Fehler zu machen, diesen natürlichen Drang des Kindes zu unterdrücken.[17]

Darf dein Kind seinem Drang nach Bewegung nachgehen, wird es ihm zu anderen Zeiten leichter fallen, sich auf Aufgaben einzulassen, die Konzentration und Ruhe erfordern. Die einfachste Möglichkeit für dein Kind in diesem Alter seine Grobmotorik zu trainieren, ist das Spiel im Freien. Dazu eignen sich Gelände, die dein Kind in seiner Bewegung herausfordern, in dem es dort Hügel hoch- und runterlaufen, rennen, klettern, balancieren, schaukeln, wippen, im Sand spielen, einen Ball treten, fangen/werfen kann etc. Du kannst dazu auf verschiedene Spielplätze gehen oder einen Spaziergang machen, im Wald oder in deinem eigenen Garten spielen. Wechsele immer mal den Ort, damit dein Kind möglichst viel verschiedene Bewegungserfahrungen machen kann.

17 Vgl. Montessori, (k.A.), S. 11–12.

3.2 Alltägliche Aktivitäten für dein Kleinkind

Die Aktivitäten des Alltags sind die Grundlage für Montessoris Erziehung. Durch sie erlangt dein Kind mehr Unabhängigkeit. Es lernt, wie es für sich selbst und andere sorgen kann. Sie haben daher Vorrang vor allen anderen Aktivitäten. Dein Kind lernt durch sie Geduld, Konzentration und ein Gefühl für Ordnung. Das sind Fähigkeiten, die dein Kind später benötigt, um komplexere Themengebiete wie Mathematik, Naturwissenschaften etc. für sich erschließen zu können.[18] Das Interesse an diesen Tätigkeiten kommt zudem von deinem Kind ganz alleine und es wird nach und nach all die verschiedenen Handlungen meistern lernen, ohne dass du es dazu auffordern musst.[19]

Am natürlichsten lernt dein Kind, wenn es dich im Alltag begleiten und alltäglich Aktivitäten mit dir gemeinsam machen darf. So lernt dein Kind schon, in dem es dir zuschaut, ohne dass du viel dazu erklären musst. Zum Beispiel lernt es aufstehen und hinsetzen, wie man verschiedene Gegenstände aufhebt und abstellt, sie jemandem überreicht, oder wie man Geschirr leise auf dem Tisch platziert.[20] Beobachte dein Kind, so findest du heraus, an welchen Aktivitäten es Interesse zeigt. Du kannst ihm dann zeigen, wie die Aktivitäten funktionieren, damit es sie durch Ausprobieren lernen kann.

Um dein Kind an deinem Alltag zu beteiligen und ihm erlauben zu können, Aufgaben selbst zu übernehmen, musst du vor allem Zeit schaffen. Denn wenn dein Kind eine Aufgabe verrichtet, wird es zu Beginn viel länger dazu brauchen, als du es würdest. Nehmen wir das Beispiel Anziehen. Zeigt dein Kind Interesse

18 Vgl. Palmarola, 2018.
19 Vgl. Montessori (k.A.), S. 13.
20 Vgl. Montessori (k.A.), S. 13.

daran, sich selbst anzuziehen, musst du deine Morgenroutine umstrukturieren. Du musst einen Weg finden, Zeit und Raum zu schaffen, in denen dein Kind das lernen kann, was es gerade interessiert. Planst du nicht um, wird es sehr schwer bis unmöglich sein, deinem Kind dabei zuzuschauen, wie es sich anzieht, ohne es zu unterbrechen und ihm doch zu helfen.

Körperpflege

Das Hände Waschen

Kinder haben früh Interesse daran, die Pflege ihres Körpers so weit wie möglich selbst zu übernehmen, oder zumindest daran beteiligt zu werden. Sobald dein Kind laufen und sicher frei stehen kann, zeige ihm daher zum Beispiel, wie es sich seine Hände waschen kann. Du kannst ihm dazu einen eigenen Waschtisch bauen, der auf die Größe deines Kindes angepasst ist. Falls du dazu nicht die Möglichkeit hast, besorge einen Auftritt. Damit kann dein Kind das Waschbecken selbstständig erreichen. Falls es Kleidung mit langen Ärmeln trägt, zeige ihm zunächst, wie diese hochgeschoben werden können. Dann wie das Wasser angestellt wird und wie man die Seife in der Hand reibt. Schließlich wird die Seife unter laufendem Wasser abgewaschen und die Hände mit einem Handtuch abgetrocknet. Dann können die Ärmel wieder heruntergezogen werden.

Besonders für Kleinkinder ist Wasser extrem anziehend. Es ist ein interessanter sensorischer Reiz und Kinder werden sehr kreativ mit den vielen Möglichkeiten damit zu spielen. Falls bei dem Versuch die Hände zu waschen, das Erforschen des Elements Wasser überhandnimmt, zeigt das ein großes Interesse deines Kindes an dieser Lernerfahrung. Versuche deinem Kind dann viele Möglichkeiten zu bieten, sich mit Wasser auseinander zu setzen. Macht dein Kind auch außerhalb des Händewaschens Erfahrungen mit Wasser, nimmt der Reiz des Neuen ab. Dann wird es für dein Kind nach einer Weile einfacher sein, sich auf das Händewaschen zu konzentrieren.

Die Haare kämmen

Stelle deinem Kind eine weiche Bürste und einen Spiegel, vor dem es sitzen oder stehen kann, zur Verfügung. Dann zeige deinem Kind, wie man sich die Haare kämmt. Du kannst es erst an dir selbst vormachen. Schaut es dir interessiert zu, überreiche deinem Kind die Bürste. Du kannst zunächst auch vorsichtig seine Hand führen, damit es die Bewegung versteht. Dein Kind kann diese Übung jederzeit leicht alleine durchführen. Zu Beginn solltest du trotzdem mit darauf achten, dass sein Haar nicht verknotet. Es kann so aber schon früh Verantwortung für sich selbst übernehmen.

Das Gesicht waschen

Ebenso wie die Hände kann dein Kind auch lernen, sich nach dem Aufwachen, Essen und vor dem Schlafen das Gesicht zu waschen. Dazu kannst du ihm einen Waschlappen herauslegen. Du zeigst ihm dann, wie es den Waschlappen nass macht, auswringt und sich damit das Gesicht abwaschen kann.

Nase putzen

Besonders sobald es kälter wird, hat so gut wie jedes Kleinkind mit einer laufenden Nase zu kämpfen. Oft neigen wir dazu, dem Kind dann ungefragt und ohne Kommentar die Nase zu putzen. Versuche dieses Vorgehen von Anfang an zu vermeiden. Solange du deinem Kind beim Nase putzen hilfst, sage ihm Bescheid, dass seine Nase läuft und geputzt werden muss. Mache ihm vor, wie man beim Putzen fest durch die Nase ausatmet. Ab etwa 18 Monaten kannst du deinem Kind zeigen, wie es sich selbst die Nase putzen kann. Am besten übt ihr gemeinsam vor dem Spiegel, so kann dein Kind leichter sehen, ob die Nase wirklich sauber ist.

Zähne putzen

Zahnhygiene ist auch für Milchzähne sehr wichtig. Daher ist es wichtig, auch die Milchzähne morgens und abends zu putzen. Spätestens ab drei Jahren kann dein Kind anfangen, diese Aufgabe selbst zu übernehmen. Nutze dazu am besten ein Zahnputz-Lied. So kann dein Kind später auch ohne deine Hilfe Zähne putzen, wird aber noch erinnert, wo es putzen muss und für wie lange. Am Anfang mache deinem Kind vor, wie du dir die Zähne putzt, es kann dabei gleichzeitig zu dem Zahnputz-Lied mit putzen. So sieht es an deinem Vorbild, wie die Bewegungen aussehen. Hast du das Gefühl, dein Kind kennt die richtigen Bewegungen, kann dein Kind ohne dich als Vorbild putzen. Bleibe aber solange beim Zähneputzen dabei, bis du dir sicher bist, dass das Kind alle Bewegungen richtig verinnerlicht hat. Wenn es zu Beginn große Schwierigkeiten hat, solltest du zudem noch einmal nachputzen. Wenn möglich, sollte dein Kind beim Zähneputzen auch in den Spiegel schauen können, so sieht es, was es tut. Dazu kann es zum Beispiel auf einem Tritt stehen. So ist es auf Höhe des Waschbeckens und kann in den Spiegel schauen.

Knöpfe, Schleifen und Schlösser

Montessori beschreibt das eigenständige An- und Ausziehen als den ersten Schritt in der Pflege der eigenen Person. Als Material, um das Öffnen und Schließen verschiedener Kleidungsstücke zu üben empfiehlt sie Rahmen, an denen Kinder verschiedene Verschlussarten ausprobieren können.[21]

Der Rahmen sollte mit Stoff bespannt sein, in der Mitte lässt sich dieser Stoff durch verschiedene Arten öffnen und wieder schließen. Beispielsweise gibt es einen Rahmen mit Knöpfen, einen mit einem Reißverschluss, einen mit Bändern zum Schleifenbinden etc. So kann dein Kind jederzeit üben, die verschiedenen Verschlussarten von Kleidung zu meistern. Zeige deinem Kind, wie es mit den verschiedenen Verschlüssen umgehen muss. Fange mit Verschlüssen an, die einfacher sind, zum Beispiel ein Klettverschluss oder ein dicker Reißverschluss. Dann kannst du nach und nach etwas schwerere Verschlussarten einführen, zum Beispiel Knöpfe oder Schleifen. Solche Rahmen kannst du mit etwas Geschick selbst machen oder auch fertig kaufen. Nachdem dein Kind angefangen hat, an den Rahmen zu üben, wird es nach einer Weile von selbst versuchen an der eigenen Kleidung zu üben.

Die Firma *Surenhap* bietet beispielsweise auf *Amazon* ein „Baby busy board“ an, es ist simpel gestaltet und bietet viele verschiedene Verschlussmöglichkeiten zum Üben.

An- und Ausziehen von Kleidung

Neben Verschlussarten zeige deinem Kind auch das tatsächliche Anziehen. Dazu solltest du dem Kind viel Zeit geben. Es erfordert viel Übung, jedes Körperteil in den richtigen Teil der Kleidung zu stecken. Du kannst den kompletten Prozess des Anziehens in kleinere Teile aufbrechen. So wird es einfacher, den Vorgang in deinen Alltag zu integrieren und dein Kind ist nicht so leicht überfordert. Lass dein Kind zum Beispiel zuerst nur die

21 Vgl. Montessori (k.A.), S. 12–13.

Unterhose und Hose alleine anziehen. Dann auch die Socken, das Unterhemd, das Oberteil und so weiter. Es kann sich so auf einzelne Aufgaben konzentrieren und wird so nach und nach den Prozess lernen, ohne überfordert und frustriert zu sein.

Das Ausziehen von Kleidung wird dem Kind wesentlich einfacher fallen. Trotzdem können Kleidungsstücke, wie besonders enge Jeans und Strumpfhosen, deinem Kind Schwierigkeiten bereiten. Achte daher darauf, dass du ihm Kleidung gibst, die es nicht vor extra große Herausforderungen stellt. Zum eigenständigen Anziehen gehört auch, dass dein Kind Zugriff zu seiner eigenen Kleidung hat. Bewahre daher die Kleidung so auf, dass es sie selbstständig heraussuchen kann.

Die Windel wechseln

Solange dein Kind noch Windeln trägt, ist das Wechseln der Windeln eine gute Möglichkeit, um dein Kind einzubeziehen. Bewahre alles, was du zum Windeln wechseln nutzt, in einem Korb im Bad auf. Wenn möglich, sollte das Windeln wechseln selbst auch im Bad geschehen. So lernt dein Kind schon bevor es auf das Töpfchen geht, das der Umgang mit Urin und Kot immer im Bad stattfindet.

Wenn du glaubst, dein Kind braucht eine frische Windel, mache dein Kind darauf aufmerksam, dass du seine Windeln fühlen oder hineinschauen möchtest. So zeigst du deinem Kind Respekt. Wenn die Windel voll ist und gewechselt werden muss, gib deinem Kind Bescheid. Darüber ob die Windel gewechselt wird, kann dein Kind nicht entscheiden. Schließlich ist es gesundheitlich keine Option, dein Kind für Stunden in einer vollen Windel zu lassen. Du kannst dein Kind aber fragen, ob gerade ein guter Moment ist oder ob es noch fünf Minuten braucht. Befindet sich dein Kind in der Trotzphase, liegt es an dir, ihm Grenzen zu setzen. Du bist dafür verantwortlich, dass dein Kind gesund bleibt. Innerhalb der Grenzen, die seine Gesundheit und die Gesundheit anderer schützen, solltest du ihm viele Freiheiten bieten. Darüber hinaus musst du allerdings streng sein. In diesem Fall ist es dann auch in Ordnung, ihm die Windel zu wechseln, auch wenn es keine Lust darauf hat.

Um diesem Fall vorzubeugen, kannst du aber das Windeln wechseln zu einer Aktivität machen, die ihr beide gerne und gemeinsam macht. Beziehe dazu dein Kind ein, ihr könnt dabei auch etwas Singen oder Späße machen. Das Windeln wechseln ist ein intimer Moment, den du nutzen kannst, um die Bindung zu deinem Kind zu stärken.

Gib deinem Kind zum Beispiel die Aufgabe eine neue Windel, Feuchttücher und falls nötig, eine Creme oder Puder bereitzulegen. Manche Kinder mögen es auch, wenn sie während dem Windeln wechseln stehen dürfen. Aus dieser Perspektive können sie besser sehen, was passiert. Du kannst dein Kind in dieser Position auch helfen lassen, indem du ihm zeigst, wie es sich richtig abwischt. Zum Schluss darf es sich dann (eventuell mit deiner Hilfe) wieder anziehen und die Windel in den Eimer werfen. Danach wascht ihr beide euch die Hände.

Auf Toilette gehen

Der Übergang von Windeln zum Trocken werden ist eine sehr sensible Phase für Kinder. Es liegt absolut in der Hand deines Kindes zu entscheiden, wann es anfangen möchte, auf die Toilette zu gehen oder ob es die Windel noch für etwas länger tragen möchte. Die Voraussetzung, damit dein Kind überhaupt lernen kann, rechtzeitig auf die Toilette zu gehen, ist dass es bewusst seine Blase kontrollieren kann. Es gibt keine Übungen, die diesen Vorgang beschleunigen. Es ist eine körperliche Entwicklung, die jedes Kind zu einer anderen Zeit durchläuft. Mit etwa 12 Monaten ist die körperliche Entwicklung abgeschlossen, die es deinem Kind möglich macht, seine Körperfunktion zu kontrollieren. Das bedeutet aber nicht, dass dein Kind auch tatsächlich schon damit beginnt.[22] Auch wenn diese Voraussetzung erfüllt ist, bleibt es daher immer noch dem Kind überlassen, zu entscheiden, ob es auf Toilette gehen möchte oder nicht. Jedes Kind hat von Geburt an das Recht, über seinen Körper zu entscheiden und es sollte auch nicht durch die Eltern von diesem Recht beraubt werden. Kinder, bei denen die Eltern versuchen, das Trocken werden zu erzwingen, sind durch diesen Druck immens gestresst. Das Trocken werden entwickelt sich schnell zu einem täglichen Kampf, der beide Seiten ermüdet. Genauso wie bei Laufen lernen, vertraue deinem Kind und gib ihm die Zeit, die es benötigt. Es wird von alleine den Wunsch und die Motivation entwickeln, auf Toilette zu gehen.

Um herauszufinden, ob dein Kind schon Interesse daran hat, auf die Toilette zu gehen, kannst du ihm ein Töpfchen im Bad bereitstellen. Wenn du möchtest, darf dir dein Kind dann mit ins Bad folgen, wenn du auf Toilette gehst. So dienst du als Vorbild für dein Kind. Dein Kind kann sich so schon mal mit dem Töpfchen vertraut machen und dich imitieren.

Zeigt es dabei Interesse, kannst du dein Kind zu Zeiten, zu denen es oft urinieren muss, auf das Töpfchen setzen, zum Beispiel direkt nach dem Aufwachen. Nachdem es auf dem Töpfchen war, sollte sich dein Kind jedes Mal die Hände waschen. Wenn dein Kind gerne auf das Töpfchen geht, kannst du die Windeln durch Baumwollunterhosen ersetzen. Dein Kind spürt dann im Gegensatz zu Windeln, wenn es nass ist. So kann es

22 Vgl. Lillard, P. P., & Jessen, L.L.

einen Zusammenhang herstellen von dem Gefühl einer vollen Blase und dem darauffolgenden Urinieren. Es sollte dann konsequent den ganzen Tag keine Windel mehr tragen. Wenn du möchtest, kannst du dein Kind beim Schlafen in der ersten Zeit noch eine Windel tragen lassen. Die Blase muss erst stark genug werden, um den Urin auch für längere Zeit zurückzuhalten. Und dein Kind hat während des Schlafens keine Möglichkeit festzustellen, ob es Druck auf der Blase verspürt. Tagsüber musst du es etwa alle 30 Minuten daran erinnern, auf Toilette zu gehen. Wenn möglich, versuche einen Moment zu erwischen, in dem dein Kind nicht mit etwas anderem beschäftigt ist. Es sollte zumindest nicht konzentriert an einer anderen Aufgabe arbeiten. Wenn sich dein Kind aber die meiste Zeit weigert, mit dir ins Bad zu gehen, ist es noch nicht bereit, den Toilettengang zu trainieren. Warte ab, bis es wieder von selbst Interesse an der Toilette zeigt und probiere es dann erneut.

Es wird am Anfang mit Sicherheit zu mehreren Missgeschicken kommen. Du solltest dein Kind dafür niemals bestrafen, es wird meist enttäuscht und vielleicht sogar beschämt darüber sein. Dein Kind möchte ja selbst trocken werden. Stattdessen lass dein Kind sich umziehen und die dreckige Wäsche wegräumen. Du kannst ihm dazu einen speziellen Wäschekorb bereitstellen. Dein Kind sollte auch dabei helfen, den Urin wegzuwischen. Dazu kannst du ihm einen speziellen Eimer zur Verfügung stellen. Mit der Zeit wird dein Kind ein besseres Gespür bekommen, zur richtigen Zeit auf Toilette zu gehen.

In anderen Umgebungen (bei den Großeltern, im Kindergarten) kann es für dein Kind dennoch schwierig sein, rechtzeitig auf Toilette zu gehen. Selbst wenn der Toilettengang zu Hause bereits perfekt klappt. Vielleicht weiß es in der anderen Umgebung nicht genau, wo die Toilette ist oder ist schlichtweg zu abgelenkt. Gib deinem Kind daher immer Wechselkleidung mit. So kann es sich einfach umziehen und kommt in keine beschämende Lage. Mit der Zeit wird es aber auch an anderen Orten lernen wie zu Hause die Toilette zu benutzen.

Haushalt

Kleidung zusammenlegen

Wenn dich dein Kind regelmäßig beim Zusammenlegen von Wäsche beobachtet, wird es dir von sich aus gerne helfen wollen. Dein Kind befindet sich in der sensiblen Phase für Ordnung und hat Freude daran, solchen Tätigkeiten nachzugehen, die wir vielleicht als langweilig empfinden. Zeige deinem Kind, wie es die verschiedenen Wäschestücke falten kann. Fange mit einfachen Wäschestücken wie Handtüchern oder Hosen an, bis dein Kind etwas mehr Geschick hat. Dann zeige ihm auch wie Oberteile zusammengefaltet werden. Nach dem Ausziehen darf dein Kind seine Kleidung ordentlich falten und an den vorgesehenen Platz bringen. Dreckige Kleidung darf es in den Wäschekorb sortieren.

Hat jedes Kleidungsstück seinen Platz und wird von dem Kind sorgfältig behandelt, lernt dein Kind auch seine Kleidung wertzuschätzen.

Die Wäsche waschen

Kinderkleidung ist von Natur aus oft dreckig. Besonders, wenn Kinder lernen, selbstständig zu essen und viel Zeit in der Natur verbringen. Es wird daher keinen Mangel an Wäsche geben und viele Möglichkeiten, mit deinem Kind gemeinsam Wäsche zu waschen. Da das Wäschewaschen aus verschiedenen Schritten besteht, bietet es deinem Kind viele Lernmöglichkeiten. Es lernt dabei zum Beispiel Farben zu sortieren, wenn ihr gemeinsam die Kleidung in dunkle, helle und farbige Wäsche aufteilt. Es lernt etwas abzumessen, wenn es mit einem Behälter die richtige Menge an Waschpulver abmessen und in die Waschmaschine geben darf. Und es kräftigt seine Hand und verbessert seine Feinmotorik, während ihr gemeinsam die Wäsche mit Wäscheklammern an einer Leine befestigt. Die Vielfältigkeit der Lernmöglichkeiten macht deutlich, warum alltägliche Handlungen so wertvoll in der Erziehung sind.

Abstauben

Auch das Abstauben von Möbeln, Pflanzen und Dekoration kannst du gemeinsam mit deinem Kind erledigen. Bereite dazu die nötigen Materialien vor und erkläre deinem Kind, warum es wichtig ist abzustauben. Du kannst auch mit dem Finger über das staubige Objekt gehen und deinem Kind so zeigen, warum es sauber gemacht werden muss. Gib deinem Kind am Anfang einige leicht zu reinigende Objekte, die es an einem Tisch sitzend oder in der Hand haltend mit einem weichen Tuch abstauben kann.

Fegen

Wenn dein Kind sicher laufen kann, kannst du ihm einen kleinen Besen zu Verfügung stellen. Eventuell weiß es schon, wie ein Besen genutzt wird, weil es dich selbst beim Fegen beobachtet hat. Ansonsten mache deinem Kind vor, wie es den Besen richtig benutzt.

Sich um Pflanzen kümmern

Kinder haben von sich aus ein großes Interesse an der Tier- und Pflanzenwelt, daher bietet die Pflege von Pflanzen eine tolle Möglichkeit für sie zu lernen.[23]

---

23 Vgl. Montessori (k.A.), S. 14.

Die Pflege von Pflanzen erfordert genaues Beobachten und Aufmerksamkeit. Je nach Pflanze unterscheidet sich die Pflege, zum Beispiel wie oft sie gegossen werden müssen und wie viel weitere Pflege sie benötigen. Zimmerpflanzen sind nicht unbedingt geeignet für kleine Kinder, weil sie schnell überpflegt sind. Das gemeinsame Pflanzen im Garten oder auf dem Balkon kann dagegen eine spannende Erfahrung sein. Dein Kind kann Tag für Tag beobachten, wie die Pflanze wächst und sich mit den Jahreszeiten verändert. Sie lernen verschiedene Tätigkeiten, im Sommer muss die Pflanze täglich gegossen werden, im Herbst vielleicht zurückgeschnitten. Und ist die Pflanze gewachsen, könnt ihr sie gemeinsam umtopfen. Vielleicht trägt die Pflanze sogar Obst oder Gemüse, das ihr ernten und essen könnt. Um das Wachstum einer Pflanze in der Wohnung zu beobachten, eignet sich zum Beispiel Kresse. Hier ist der gesamte Lebensverlauf einer Pflanze in kurzer Zeit zu beobachten und leichter zu verstehen.

Ein Versteck bauen

Mit Decken und Kissen und etwas Kreativität lässt sich leicht eine Höhle bauen. Die einfachste Version ist es, einfach eine große Decke über den kleinen Tisch deines Kindes zu legen. Es kann so auch tagsüber den Unterschied von hell und dunkel erleben. Interessant ist es auch, verschieden dicke Tücher und Decken zu nutzen. So kann die Höhle unterschiedlich hell oder dunkel sein. Zum Bauen können auch Stühle oder Kissen verwendet werden. Dein Kind lernt so, eigene Konstruktionen zu erschaffen. Es kann nach dem Bauen die Höhle zum Ruhen nutzen oder allgemein als Rückzugsort. Wenn dein Kind sich nicht weiter mit der Höhle beschäftigen will, räumt es die Materialien wieder zurück an den richtigen Ort. Du kannst dein Kind dabei, wenn es Hilfe will und braucht, unterstützen.

Kleine Aufträge erledigen

Du kannst dein Kind bei verschiedensten Tätigkeiten mit einbeziehen, indem du es bittest, einfache Aufgaben für dich zu übernehmen. Es kann dir zum Beispiel etwas bringen, etwas wegräumen oder einzelne Schritte einer Aufgabe übernehmen, die du gerade erledigst, zum Beispiel das Ei verquirlen oder einen Teller zum Tisch bringen.

Öffnen und Schließen

Das Öffnen und Schließen von Flaschen mit Drehverschluss, Marmeladengläsern, Dosen oder ähnlichen Behältern mit Verschlüssen sind eine weitere tolle Lernmöglichkeit für Kleinkinder. Dazu kannst du einfach Behälter mit verschiedenen Verschlüssen sammeln und gut reinigen. Lege sie zusammen in einen Korb, der deinem Kind als Material zur Verfügung steht.

Zu Beginn eignen sich große Behälter, die dein Kind leicht greifen kann. Du solltest deinem Kind immer einmal vorführen, wie der Behälter geöffnet wird. Am besten fange mit nur einer Verschlussart an und füge dann nach und nach andere Behälter hinzu, aus denen dein Kind auswählen kann. Später kannst du auch Verschlüsse, die viel Fingerspitzengefühl benötigen, hinzufügen, zum Beispiel von leeren Zahnpasta Verpackungen. Da sie so klein sind, benötigt dein Kind mehr Präzision, um den Deckel auf den Verschluss setzen und zudrehen zu können. Lasse dein Kind aber niemals unbeaufsichtigt mit kleinen Gegenständen, die leicht verschluckt werden können.

Das gilt auch für Glasbehälter. Dein Kind sollte auch den Umgang mit zerbrechlichen Materialien lernen, allerdings solltest du immer dabei sein, um eine Verletzung zu vermeiden.

Neben Verschlüssen von Behältern gibt es auch noch andere Arten von Verschlüssen, mit denen dein Kind seine Feinmotorik üben kann. Zum Beispiel Schlösser mit Schloss, Riegel zum Einhaken oder Zuschieben. Solche Schließmechanismen kann dein Kind ebenfalls üben. Du kannst fertige Bretter kaufen, auf die verschiedene solcher Schließmechanismen angebracht wurden. Mit diesen kann dein Kind dann jederzeit üben. Du kannst dir auch recht einfach selbst solch ein Brett herstellen.

Den eigenen Tisch aufräumen

Sobald dein Kind selbstständig und sicher auf einem kleinen Stuhl seiner Größe sitzen kann, stelle ihm einen kleinen Tisch mit passendem Stuhl zur Verfügung. Der Stuhl sollte leicht genug sein, damit ihn dein Kind alleine bewegen kann. An diesem Tisch kann dein Kind malen, Wäsche falten, puzzeln oder sich mit anderen Materialien beschäftigen. Am Ende des Tages sollte dein Kind seinen Tisch und Stuhl sauber machen.

Dazu gibst du ihm einen Eimer oder eine Sprühflasche mit Wasser, ungiftiges Reinigungsmittel, einen Schwamm und ein Tuch zum Trocknen. Wie immer, zeige deinem Kind zuerst, was zu tun ist, bevor es die Aufgabe selbst übernimmt.

Besteck sortieren

Eine andere alltägliche Aktivität, die dein Kind üben kann, ist das Sortieren von Besteck. Du kannst ihm dazu das gewaschene Besteck etwa Gabel, Buttermesser und Löffel geben – aber achte darauf, dass keine scharfen Gegenstände dabei sind – und drei Behälter, in die es das Besteck sortieren kann. Lege dann beispielhaft eine Gabel in den einen, ein Messer in den anderen und einen Löffel in den letzten Behälter. Sage deinem Kind dabei den Namen des jeweiligen Bestecks, falls es ihn noch nicht kennt. Dann fordere es auf, auch eine Gabel zu finden und sie zu der anderen Gabel zu legen und so weiter. Dein Kind lernt so, die Gegenstände genau zu betrachten, zu unterscheiden und sie dann dementsprechend zu sortieren. Dieser Vorgang lässt sich auch mit anderen Haushaltsgegenständen oder auch dem Spielzeug deines Kindes nachmachen. Beim Aufräumen werden dann alle Kuscheltiere in eine spezielle Kiste gelegt, alle Bücher kommen in ein bestimmtes Regal und so weiter.

Küche/Essen

Trinken

Anstatt eine geschlossene Trinkflasche zu nutzen, bringe deinem Kind bei, aus einem Glas zu trinken. Um mit dieser Übung zu starten, nutze die Phase, in der es sich für das Umschütten von Flüssigkeiten interessiert. Im nächsten Kapitel findest du eine Übung zum Schütten und Umschütten.

Wenn dein Kind anfängt, die Übung besonders gerne zu machen, stelle ihm ein kleines Glas und eine kleine Kanne mit etwas Wasser zur Verfügung. Es sollte beides ständig zur Verfügung haben. Falls dein Kind etwas Wasser daneben schüttet, sollte auch ein Lappen bereit liegen. Zeige ihm, wie man das Wasser aufwischt. Dann kann es übergelaufenes Wasser selbst wegwischen.

Solltest du beobachten, dass dein Kind sich das fünfte Glas Wasser hintereinander einschüttet und trinkt, nimm das als Hinweis. Falls es nicht sehr warm ist und es gerade viel getobt hat, ist es wahrscheinlich weniger am Trinken interessiert. Wahrscheinlich möchte dein Kind einfach das Schütten üben. Biete ihm also an, die Aktivität zum Schütten und Umschütten zu machen.

Essen

Auch beim Essen kannst du dein Kind mehr und mehr einbeziehen. Mit etwa einem Jahr kannst du ihm einen Löffel zum Essen geben. Wahrscheinlich wird dein Kind trotzdem zum größten Teil mit der Hand essen, denn so ist es einfacher und schneller für dein Kind. Um es zu animieren, kannst du den Löffel so in die Schüssel legen, dass schon etwas Essen darauf liegt. So muss ihn dein Kind nur aufheben und zum Mund führen. Du musst dein Kind aber nicht dazu drängen, schon mit dem Löffel zu essen. Wenn ihr gemeinsam esst, wird es beobachten, wie du Besteck benutzt. Das wird meist ausreichen, um die Neugier von deinem Kind zu erwecken. Dann wird es von selbst versuchen, beim Essen neben der Hand auch den Löffel zu nutzen.

Du kannst deinem Kind ab etwa 18 Monaten auch zeigen, wie es einen Schöpfer nutzen kann, um sich Essen selbst auf zu schöpfen. Genauso wie zum Trinken kannst du deinem Kind außerhalb der Essenssituation Aktivitäten anbieten, bei der es das Schöpfen üben kann.

Obst und Gemüse waschen

Wenn du Gemüse vorbereitest, kannst du deinem Kind zeigen, wie es das Gemüse waschen kann. Du kannst ihm Gemüse aus Holz geben, das es in seiner Kinderküche wie das Geschirr jederzeit waschen kann.

Obst schälen

Ab etwa 18 Monaten kannst du deinem Kind auch zeigen, wie es mit der Hand zum Beispiel eine Banane oder Mandarine schälen kann. Zeige ihm, wo es einen kleinen Teller findet, um das Obst draufzulegen und in welchen Mülleimer die Schalen gehören.

Snacks

Du kannst deinem Kind ab etwa 18 Monaten auch eine Tagesration Snacks zur Verfügung stellen, es kann dann selbst entscheiden, wann und wie viel es essen möchte. Dazu kannst du Obst, das es selbst schälen kann, bereitlegen oder eine kleine Packung mit Snacks wie Reispuffer etc. Vielleicht auch ein Glas mit püriertem Obst, Joghurt oder ähnlichem, aus dem es sich etwas in eine kleine Schüssel löffeln kann.

Einkaufen gehen

Wenn dein Kind bereits selbstständig läuft, kannst du es auch beim Einkaufen miteinbeziehen. Du kannst zum Beispiel Bilder von Dingen vorbereiten, die ihr immer wieder einkauft (Mehl, Butter, Äpfel, Brot...).

Überlege vorher, ob dein Kind diese Dinge im Supermarkt erreichen kann oder ob sie außerhalb seines Blickfeldes und Reichweite gelagert sind. Alles, was dein Kind erreichen kann, setzt du auf seine Liste und gibst ihm die passenden Bilder. Zu Beginn reicht es, wenn dein Kind nur drei bis fünf Dinge der Einkaufsliste übernimmt. Umso älter es wird, kann es dann die Verantwortung für mehr Lebensmittel bekommen. Für den Rest der Lebensmittel machst du dir deine eigene Liste. Du kannst dann deinem Kind die Bilder überreichen, wenn ihr in den Supermarkt geht. So könnt ihr zusammen durch die Abteilung laufen, während dein Kind dir hilft, die Lebensmittel zu finden. Vielleicht gibt es auch Kindereinkaufswagen, in die dein Kind die Lebensmittel selbst hineinlegen kann.

3.3 Materialien zur Förderung von Sensorik und Feinmotorik

Den Zweck sensorischer Aktivitäten beschreibt Montessori wie folgt: Das Ziel liegt nicht außen, es soll nicht nur lernen, die spezielle Aktivität zu lernen. Es geht also nicht darum, dass das Kind spezielle Fähigkeiten erlernt, wie ein bestimmtes Objekt in einer bestimmten Art zu platzieren. Das Kind soll lernen, Dinge genau zu betrachten, sie dann vergleichen und daraus Schlüsse ziehen zu können.[24]

Erziehung soll laut Montessori dem Kind helfen, auf eine bestimmte Art zu denken. Das Kind lernt seine Umgebung wahrzunehmen und zu analysieren, in dem es Objekte miteinander vergleicht. Dabei erkennt es, worin sich die Dinge unterscheiden oder auch gleichen. Es erkennt so größere Zusammenhänge und lernt Konzepte.

Fühlen

Sensory bins

Für diese Aktivität brauchst du ein großes Behältnis (große Plastikwanne, Aufbewahrungsbox oder ähnliches), Füllmaterial (Erde, getrocknete Bohnen, Nudeln, Wasser…), einige Gegenstände, die du in dem Material „versteckst“ (Löffel, Spielzeugfiguren wie Tiere oder Männchen, kleine Bälle…) und eventuell eine große Unterlage, um das spätere Aufräumen zu erleichtern. Im Sommer lässt sich das Fühl-Becken auch sehr gut draußen aufstellen, das ist besonders für die Version mit Wasser geeignet. So verhinderst du, dein Kind aus Angst um deine Einrichtung, beim

24 Vgl. Montessori (k.A.), S. 18.

Erforschen unterbrechen zu müssen. Achte auch darauf, dass dein Kind möglichst etwas ohne Ärmel oder mit kurzen Ärmeln trägt. So kann es, wenn es in das Becken greift, die Materialien an seinem kompletten Arm fühlen, nicht nur an der Hand.

Zeige deinem Kind dann, wie du in das Becken greifst und daraus verschiedene Gegenstände herausziehst, sie wieder versteckst oder sie nutzt, um das Material zu bewegen. Dann darf dein Kind das Material selbst erkunden und die verschiedenen Möglichkeiten erforschen. Dein Kind lernt so, wie sich das Füllmaterial anfühlt und wie es Gegenstände, die sich anders anfühlen, darin erkennen kann. Unterbreche dein Kind nur, wenn es aktiv beginnt, die Materialien in der Umgebung zu verteilen. Es hat dann kein Interesse an dem Fühlen und Erkunden des Materials mehr. Räumt gemeinsam auf und beschäftigt euch mit etwas anderem.

Möchtest du noch mehr Anregungen für verschiedene *sensory-bins*, schau dich einfach mal im Internet um. Dort findest du viele tolle weitere Ideen zum Füllen.

Fühl-Memory

Eine tolle Aktivität, um den Fühl-Sinn zu stärken, ist ein Fühl-Memory. Du benötigst dazu verschiedene Stoffe. Es eignen sich Samt, Satin, Seide, Wolle, Baumwolle, Kord und Leinenstoffe. Von jedem Stück Stoff sollte es zwei Stück geben, die lebendige und strahlende Farben haben.

Zeige deinem Kind, wie es die Oberfläche eines Textils befühlt. Dazu zeigst du ihm zuerst, wie du selbst mit deinen Fingerspitzen über die Oberfläche eines Materials gleitest. Dann hilf deinem Kind, in dem du seine Hand vorsichtig führst und nur die Fingerspitzen über den Stoff fahren lässt. Es braucht keine Erklärungen für den Vorgang, du kannst aber dein Kind auf die Unterschiede der verschiedenen Stoffe hinweisen. Dann lass dein Kind die verschiedenen Stoffe alleine befühlen.

Anstatt die Textilien nur zu greifen, wird es nun beginnen, sie zu befühlen. Dann kann es sich die Augen verbinden und nur durch Fühlen die jeweiligen Stoffpaare sortieren. Durch das Abnehmen der Augenbinde kann es dann sehen, ob es die Stoffe richtig sortiert hat.[25]

Dieser Vorgang kann auch mit anderen Materialien durchgeführt werden. Textilien sind aber sehr gut geeignet, weil sich das Kind nur auf die Unterschiede der Oberfläche des Materials konzentriert. Du kannst die Textilien alle auf eine einheitliche Größe und Form schneiden, wodurch auch das Gewicht relativ ähnlich sein wird. So kann sich das Kind darauf konzentrieren, ob sich der Stoff weich oder fest, zart oder kräftig, glatt oder rau etc. anfühlt.

Nutzt du dagegen Natur- und Alltags-Materialien, wie Steine, Papier, Holz, Glas, Metall und Blätter, kann es sein, dass dein Kind beim Fühlen durch die Unterschiede in Form und Gewicht der Gegenstände abgelenkt wird. Sie eignen sich daher eher für Kinder, die bereits Erfahrung mit dieser Übung haben.

Die Firma *Elmo Verlag* bietet z.B. ein schönes Fühl-Memory, bei dem die verschiedenen Stoffe auf Holztäfelchen angebracht sind. So lässt sich der Stoff auch für kleine Kinder gut erfühlen.

Gegenstände erfühlen

Dazu nimmst du wenige Alltagsgegenstände, die dein Kind kennt. Etwas, das es jeden Tag sieht und in der Hand hält und dessen Namen es bereits sagen kann. Zum Beispiel ein Spielzeug, ein Kuscheltier, ein Löffel oder ähnliches. Umso größer die

25 Vgl. Montessori (k.A.), S. 21–22.

Unterschiede in der Größe und Gewicht und Textur der Gegenstände sind, umso leichter ist es für dein Kind, sie zu erkennen.

Dann werden die Gegenstände in eine Tasche gelegt oder in eine Box, in die dein Kind durch ein Loch hineingreifen kann. Sie sollten aber nicht zu sehen sein. Zu Beginn kannst du deinem Kind zeigen, was du in die Tasche oder Box hineinlegst. Dann darf dein Kind hineingreifen und erfühlen, welchen der Gegenstände es in der Hand hat, ohne ihn zu sehen. Es lernt so die Unterschiede in Form, Gewicht und Textur des Gegenstandes zu erfühlen. Damit muss es dann in seinem Kopf ein Bild von dem Gegenstand erstellen und den passenden Namen finden. Das Gehirn lernt so komplexere Denkweisen.

Wenn dein Kind die Aufgabe problemlos lösen kann, kann die Schwierigkeit auch erhöht werden.

Zum Beispiel, in dem die Gegenstände sich ähnlicher anfühlen, dein Kind könnte zum Beispiel verschiedene Kuscheltiere unterscheiden. Oder in der Box befinden sich Gegenstände, die dein Kind zwar kennt, die es aber nicht so oft in der Hand hat.

Schütten und umschütten

Zum Schütten und Umschütten eignet sich ein breites flaches Behältnis am besten. Es kann mit den gleichen Materialien wie das Fühl-Becken gefüllt werden. Feste große Materialien wie Bohnen und Nudeln sind für den Einstieg leichter, dann kann zu mehr fließenden Materialien übergegangen werden wie Reis und Wasser.

Neben dem Grundmaterial gib deinem Kind Werkzeuge, die zum Schütten animieren, zum Beispiel ein kleiner Eimer, Sandförmchen, eine kleine Gießkanne, Schaufeln oder ähnliches. Du kannst deinem Kind vormachen, wie das Füllmaterial mit den Werkzeugen bewegt werden kann und es dann selbst erforschen lassen. Vielleicht möchte dein Kind zunächst nur das Füllmaterial erforschen, ähnlich wie beim Fühl-Becken. Lass dein Kind selbst entscheiden, wann es genug gefühlt hat und sein Interesse den Werkzeugen zuwendet. Dein Kind lernt, wie sich die verschiedenen Werkzeuge verwenden lassen, wie sich verschiedene Materialien verhalten und wird es durch Übung in seiner Handhabung der Werkzeuge immer sicherer wird. Wie beim Fühl-Becken solltest du die Aktivität einfach beenden, wenn dein Kind kein Interesse mehr am Schütten und Umschütten zeigt.

Greifen mit der Hand und Zangen/ Pinzetten

Um präzises Greifen zu üben, kannst du deinem Kind verschiedene Materialien zur Verfügung stellen.

Dein Kind greift dann die Materialien zunächst einfach mit der Hand und lege sie in einen zweiten Behälter. Umso größer die Materialien, umso einfacher ist es. Du kannst zum Beispiel mit Stofftieren oder Holzklötzen beginnen. Diese sind sehr einfach mit der kompletten Hand zu greifen und festzuhalten.

Wenn dein Kind diesen Griff gemeistert hat, kannst du ihm kleinere Materialien geben, die es mit den Fingern greifen muss, wie zum Beispiel Nudeln, Murmeln oder ähnliches. So wird dein Kind lernen, den Pinzetten-Griff zu verwenden. Dabei nutzt es den Daumen, Zeige- und Mittelfinger, um kleinere Gegenstände aufzunehmen. Am schwierigsten ist es, kleine und flache Gegenstände aufzuheben, zum Beispiel Münzen oder flache Plättchen.

Dein Kind kann auf die gleiche Weise lernen, Gegenstände mit einer Zange oder Pinzette zu greifen. Eine Zange ist die einfachere Variante, die zu Beginn genutzt werden kann. Dein Kind kann sie mit der kompletten Hand greifen und hat daher mehr Kraft, um sie zusammen zu drücken. Wenn es lernt, Gegenstände mit einem Werkzeug aufzuheben, sind weiche Gegenstände einfacher, weil sie sich zusammendrücken lassen und so nicht so einfach wieder herausfallen. Dann kann zu festen Gegenständen übergegangen werden, am schwierigsten mit der Zange festzuhalten sind feste runde Gegenstände.

Mit der Pinzette können kleinere Gegenstände aufgehoben werden, dein Kind muss dabei wesentlich präziser sein als bei der Zange. Du kannst die Schwierigkeit genauso wie bei der Zange steigern, beginne mit weichen Gegenständen (zum Beispiel kleinen Pompons) und steigere die Schwierigkeit durch feste Gegenstände und schließlich feste, runde Gegenstände. Nutze als Pinzette keine kleine Kosmetikpinzette, sondern eine etwas größere.

Zeichnen mit Sand als Vorbereitung zum Schreiben

Dazu benötigst du die einzelnen zu übenden Buchstaben als Vorlage und einen Behälter mit etwa drei handbreit Fläche und Wänden, die etwa drei Zentimeter hoch sind. Du befüllst den Behälter einen Zentimeter hoch mit Sand, Salz oder Zucker. Lege den ersten Buchstaben neben den Behälter und zeichne seine Linie so nach, wie du ihn schreibst. Dann machst du die gleiche Bewegung, um ihn im Material nachzuzeichnen. Verwische den Buchstaben danach und lasse dann dein Kind das Gleiche ausprobieren.[26] So wird dein Kind mit den verschiedenen Buchstaben vertraut. Du kannst sowohl Groß- als auch Kleinbuchstaben nutzen.

26 Vgl. Palmarola, 2018.

Schmecken und Riechen

Geschmackssinn

Um die verschiedenen Geschmacksrichtungen wie süß, sauer, bitter und salzig kennenzulernen, kannst du Gläser gefüllt mit Lebensmitteln in verschiedenen Geschmacksrichtungen vorbereiten. Damit dein Kind sich auf die Unterschiede des Geschmacks konzentrieren kann und nicht von der Textur der Lebensmittel abgelenkt wird, versuche flüssige Lebensmittel zu nutzen oder solche, die sich auflösen lassen.

Süß: süße Säfte oder im Wasser gelöster Zucker
Sauer: Zitronensaft, Essig

(beides sollte mit Wasser verdünnt werden!)

Bitter: Grapefruitsaft, bitterer Tee
Salzig: Wasser mit Salz, Gemüsebrühe

Bereite von jeder Geschmacksrichtung zwei Varianten vor. Du probierst erst eine der süßen Varianten und sagst, wie es schmeckt. Dann darf dein Kind probieren. Das wiederholst du, bis ihr jeweils eine Variante der Geschmacksrichtungen probiert habt. Dann gib deinem Kind die zweite Variante und lass es durch Probieren herausfinden, ob es jeweils süß, sauer, salzig oder bitter schmeckt.

Du kannst nach dieser Aktivität die verschiedenen Geschmacksrichtungen auch beim gemeinsamen Essen aufgreifen und fragen, wie ihm einzelne Lebensmittel schmecken. So lernt dein Kind auf den Geschmack der Lebensmittel zu achten.

Geruchs-Memory

Erstelle eine Art Geruchs-Memory für dein Kind. Wenn du dafür essenzielle Öle verwenden möchtest, brauchst du Behälter, die genau gleich aussehen. Fülle dann ein paar Tropfen pro Öl in jeweils zwei Behälter. Markiere die Behälter mit dem gleichen Öl auch mit einem gleichen Symbol am Boden der Flasche. So kann dein Kind kontrollieren, ob es die richtigen Behälter zusammen geordnet hat.

Falls du keine Aroma-Öle nutzen möchtest, brauchst du Behälter, die genau gleich aussehen und in die man aber nicht hineinsehen kann. Du kannst zum Beispiel Marmeladengläser schwarz anmalen. In dem Deckel oder Verschluss, müssen einige Löcher sein, durch die dein Kind den Inhalt riechen kann. Dann fülle die Behälter paarweise. Du kannst zum Beispiel Zwiebeln, Knoblauch oder stark riechende Kräuter kleinhacken, zwei Tücher mit demselben Parfüm besprühen, oder verwendest stark riechende Blumen wie Rosen und Lavendel oder Gewürze wie Nelken. Die passenden Behälter sollten am Boden wieder markiert sein.

Dann zeige deinem Kind zwei Behälter mit gleichem Inhalt. Lass es an beiden Behältern riechen, so erkennt es, dass beide gleich sind. Dann zeige ihm, die passenden Symbole. Anschließend mische alle Behälter und lass dein Kind die einzelnen Paare durch Riechen erraten.

Sehen

Auffädeln

Zum Auffädeln kann einfach ein Seil oder ein Schnürsenkel mit Knoten an einem Ende und verschiedene Holzperlen genutzt werden. Je jünger das Kind, desto dicker sollte das Seil sein, damit es vom Kind gut festgehalten werden kann. Dementsprechend sollten auch größere Perlen verwendet werden, da sie leichter zu greifen und aufzufädeln sind. Lasse dein Kind aber nicht unbeaufsichtigt mit kleinen Gegenständen, die leicht verschluckt werden können.

Du zeigst deinem Kind, wie die Perle auf das Seil gesetzt werden muss, damit sie aufgefädelt werden kann. Danach darf es dein Kind selbst ausprobieren. Vor allem ältere Kinder werden dabei gerne Muster mit verschieden farbigen Perlen erstellen. Fädelspiele nach Montessori gibt es auch zu kaufen.

Münzbox

Eine beliebte Übung zur Förderung der Feinmotorik ist das Sortieren von Münzen in eine Box mit Schlitz. Dein Kind steckt dazu eine Münze oder Holzplättchen in einen dünnen Schlitz. Du kannst dazu eine Holzbox kaufen mit passenden runden Plättchen. Die Firma *Ploufer* bietet eine simple „Münzbox" an, die sich perfekt dazu eignet. Oder du verwendest echte Münzen und eine Spardose mit Schlitz. Achte aber darauf, dass dein Kind die Dose selbst öffnen kann, um die Münzen wieder herauszubekommen.

Sortieren nach Farben

Du brauchst dazu viele gleiche Gegenstände in drei bis vier verschiedenen Farben, zum Beispiel Bauklötze, Perlen oder Duplo-Steine. Für junge Kinder ist es einfacher, größere Objekte zu wählen, da es diese leichter greifen kann.

Alle Materialien befinden sich zuerst in einem großen Behältnis. Daneben steht pro Farbe ein leeres Behältnis. Am Anfang kannst du die Behälter mit einem farbigen Punkt markieren, sodass die Punkte dieselben Farben haben, wie die zu sortierenden Gegenstände. Du wählst pro Farbe ein Objekt aus und nennst seine Farbe und legst es jeweils in das passende Behältnis mit dem Punkt in der gleichen Farbe. Dann darf dein Kind weiter sortieren. Lass es alle Objekte alleine sortieren ohne einzugreifen. Am Ende kannst du dann auf falsch sortierte Objekte deuten und fragen, ob sie dieselbe Farbe haben wie der Punkt. Wenn das Kind das Prinzip verstanden hat, kann es sich bei der Aufgabe dank der Punkte selbst kontrollieren.

Sortieren nach Größe

Ähnlich funktioniert das Sortieren nach Größe. Am besten geeignet sind Zylinder in verschiedenen Größen, die in ein Brett mit Vertiefungen einsortiert werden können. Die Zylinder haben dabei oben einen runden Griff, der den Pinzetten-Griff des Kindes trainiert. Dieses Material ist Teil der Original Montessori Materialien, du findest sie ganz leicht, wenn du nach „Montesorri Zylinderblöcken" suchst.

Als Alternative können auch verschieden große Holzklötze genutzt werden. so fehlt aber die selbstständige Korrekturmöglichkeit für dein Kind. Als Improvisation könnte eine Unterlage dienen, auf die du die Umrisse der Holzklötze von klein nach groß zeichnest. So hat dein Kind etwas mehr Hilfe zu Korrektur. Das Material sollte am besten in einer Farbe sein, damit sich dein Kind auf das Sortieren nach Größe konzentrieren kann und nicht von Unterschieden in der Farbe abgelenkt wird.

Sortieren nach geometrische Formen

Eine einfache Möglichkeit, dein Kind mit verschiedenen Umrissen vertraut zu machen, ist es ihm im Alltag die verschiedenen geometrischen Formen zu zeigen. Dafür kannst du auch einige Formen aus dickem Karton ausschneiden. Sie sollten groß genug sein, damit dein Kind die Formen leicht erkennen kann (ca. 10 cm im Durchmesser) und alle die gleiche Farbe haben. Für den Anfang reichen ein Dreieck, Viereck, Rechteck und ein Kreis.

Du kannst ihren Umriss mit dem Finger nachfahren und den Namen nennen, um dein Kind mit den verschiedenen Formen vertraut zu machen.[27] Dann könnt ihr gemeinsam auf Entdeckungstour im Haushalt gehen, um Gegenstände mit derselben Form zu finden und sie zu der passenden Form aus Karton sortieren. Benenne Formen auch im Alltag, um Dinge zu beschreiben. So wird dein Kind lernen, die verschiedenen Formen verschiedener Gegenstände wahrzunehmen.

Hören

Musikinstrumente

Du kannst deinem Kind auch die verschiedenen Klänge von Musikinstrumenten zeigen. Wenn du selbst ein Instrument spielst, kannst du deinem Kind etwas vorspielen. Oder du zeigst ihm kurze Audioaufnahmen von einzelnen Instrumenten. Wähle am Anfang drei Instrumente, die sich in ihrem Klang klar unterscheiden. Ein Klavier, Saxophon und Schlagzeug erzeugen zum Beispiel sehr unterschiedliche Klänge. Spiele deinem Kind die Aufnahmen der Instrumente einzeln vor. Zeige ihm dazu das jeweilige Instrument auf einem Bild und sage: *„So klingt ein ...“*. Dann hört euch die Aufnahmen nochmal an. Frage dein Kind noch einmal, ob es sich an den Namen erinnern kann. Falls es nicht mehr weiß, wie das Instrument heißt, sage es ihm einfach

27 Vgl. Palmarola, 2018.

noch einmal. Nutze dabei auch verschiedene Aufnahmen von den drei Instrumenten, so konzentriert sich dein Kind auf den Klang des Instrumentes und nicht nur auf die Melodie.

Wenn dein Kind Interesse an der Übung hat, kannst du mehr und mehr Instrumente dazu nehmen. Vielleicht hat dein Kind auch Spaß daran, sich eine Aufnahme mit mehreren Musikinstrumenten anzuhören und herauszuhören, welche Musikinstrumente es sind.

Alltagsgeräusche

Mache dein Kind auf die verschiedenen Geräusche aufmerksam, die es im Alltag hören kann, zum Beispiel wenn ein Vogel vor dem Fenster singt oder ein vorbeifahrendes Auto. Dazu könnt ihr euch gemeinsam ans Fenster oder auf den Balkon setzen und lauschen, was ihr so alles hören könnt. So lernt dein Kind Geräusche und Objekte zu verbinden.

Vogelstimmen

Vielleicht hat dein Kind auch ein großes Interesse an Tieren. Ihr könntet dann Aufnahmen von dem Gesang verschiedener Vögel anhören. Zeige deinem Kind dazu ein Bild mit dem entsprechenden Vogel und sage ihm den Namen. Diese Übung lässt sich natürlich auch mit anderen Tieren durchführen. Vielleicht habt ihr zum Beispiel einen Korb mit Tieren vom Bauernhof. Spielt dein Kind gerade gerne mit diesen Figuren, nutze die Gelegenheit ihm die Laute von Bauernhof -Tieren zu zeigen.

4. Montessori Aktivitäten für Kinder (ab 3–6 Jahren)

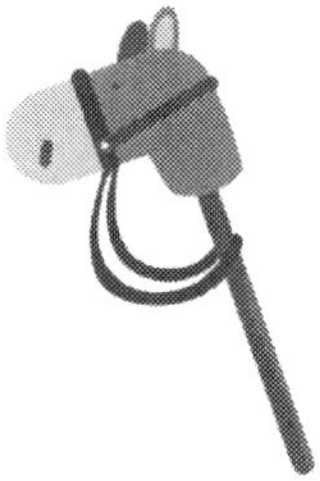

Ab etwa drei Jahren entwickeln Kinder mehr Interesse daran, mit anderen Kindern zu spielen und lernen. Sie entwickeln so auch den sozialen Umgang miteinander. Ältere Kinder dienen den jüngeren als Vorbild und können ihnen Hilfestellung leisten. So lernen nicht nur die jüngeren Kinder, sondern auch das ältere Kind. Das ältere Kind vertieft sein Wissen, während es einem anderen Kind etwas erklärt. Außerdem stärkt diese Erfahrung sein Selbstbewusstsein. Es sieht, wie viel es schon kann und empfindet Stolz.

Hat dein Kind in diesem Alter viel Kontakt zu anderen Kindern, wird seine eigene Motivation Neues zu lernen, gestärkt, wenn es die Erfolge der anderen Kinder sieht.

Das Zusammenkommen mit anderen Kindern birgt ein immenses Potential zu lernen. Daher ist der Besuch eines Kindergartens in diesem Alter für die meisten Kinder eine positive Erfahrung.

4.1 Entwicklung der Grobmotorik durch Bewegung und Toben

Auch Kinder ab drei Jahren brauchen noch viele Möglichkeiten, ihrem Bewegungsdrang freien Lauf zu lassen. Die Möglichkeit, sich viel zu bewegen und den eigenen Körper vor motorische Herausforderungen zu stellen, wird zudem auch die kognitiven Fähigkeiten deines Kindes stärken. Es gibt eine Studie, die gezeigt hat, dass die Förderung von Bewegung sich positiv auf den Spracherwerb auswirkt.[28]

Eine Studie zu Bewegungskindergärten – das sind Kindergärten, die im Alltag Fokus auf viel Bewegung setzen – zeigte, dass sich ein Zuwachs an Bewegung auch auf viele andere Bereiche positiv auswirkt. Die Kinder wurden selbstsicherer, mutiger, ausgeglichener, zufriedener, selbstständiger, aufmerksamer, kontrollierter, stressresistenter, sozialgerechter, integrierter und hatten ein verbessertes Sprachverständnis.[29] Bewegung meint dabei keinen Sport, sondern Aktivitäten wie rennen, toben, klettern, balancieren, rückwärts laufen, schaukeln, springen, werfen und fangen etc. Wenn dein Kind gerne zusätzlich Sport macht, ist das toll. Der Sport kann aber tägliche Bewegung in seiner Vielfältigkeit nicht ersetzen.

---

28 Vgl. Zimmer, 2009, S. 22.
29 Vgl. Balster, 2011, S. 159–162.

4.2 Alltägliche Aktivitäten für dein Kind

Ab drei Jahren kann dein Kind bereits eine Vielzahl alltäglicher Aktivitäten lernen. Komplexere Aktivitäten kannst du am Anfang in kleinere Aufgaben einteilen. Zum Beispiel anstatt den kompletten Tisch zu decken, darf dein Kind zu Beginn bei jeder Mahlzeit sein eigenes Geschirr zum Tisch bringen – zuerst den Teller, dann das Besteck und zuletzt ein Glas. Aus einer großen Aufgabe werden so mehrere kleinere. Nach einer Weile braucht dein Kind dann weniger Anweisungen und weiß alleine, was es alles zum Tisch bringen muss.

Einige Handlungen wirst du deinem Kind nicht mehr unbedingt vormachen müssen, weil es schon oft gesehen hat, wie du sie machst, zum Beispiel, wie man etwas aus dem Schrank holt. Andere Aktivitäten brauchen unter Umständen aber mehr Anweisungen. Deinem Kind vorzumachen, wie etwas funktioniert, ist dabei wesentlich effektiver als eine genaue Erklärung. Einige Aktivitäten, die sich in den Alltag von jedem integrieren lassen können, werde ich in den folgenden Seiten etwas genauer erklären. In welche Aktivitäten du dein Kind im Alltag genau einbeziehst, bleibt dir überlassen. Aber umso mehr dein Kind alleine machen darf, umso selbstständiger wird es werden. Die Aktivität sollte zudem für das Kind zu jeder Zeit durchführbar sein. Es kann die Aktivität dann machen, wenn es Lust hat. So beruht der Lernprozess des Kindes weiterhin auf seiner inneren Motivation und nicht auf einem äußeren Zwang.

Körperpflege

Kleidung aussuchen

Dein Kind kann die Möglichkeit bekommen, seine Kleidung selbst auszuwählen. So erhält es mehr Verantwortung für sich. Stelle ihm dem Wetter entsprechende Kleidung zur Verfügung, damit es nicht zu warme oder zu kalte Kleidung auswählt.

Haare waschen

Zeige deinem Kind, wie es sich selbst die Haare waschen kann. Erkläre ihm, wie es den Haaransatz einschäumt. Bleibe solange dabei, bis es keine Hilfe oder Kontrolle mehr braucht. Achte auch darauf deinem Kind zu erklären, wie viel Shampoo es braucht, damit es nicht die halbe Flasche nutzt. Vielleicht kannst du auch ausprobieren auf Shampoos in fester Seifenform umzusteigen. So verhinderst du, dass dein Kind zu viel Shampoo nutzt.

Haushalt

Geschirr wegräumen

Zeige deinem Kind, wo sein Geschirr hingehört. Es ist wichtig, dass jedes Teil seinen festen Platz im Schrank hat. Dein Kind kann dann selbstständig nach dem Verwenden des Geschirrs alles wieder an seinen Platz räumen. Es kann so auch mehrmals hintereinander alles aus und wieder einräumen. Am Anfang hilft es, Bilder auszudrucken, auf dem die verschiedenen Teile des Geschirrs zu sehen sind und sie auf den entsprechenden Platz für das Geschirr zu kleben. So kann dein Kind selbst kontrollieren, ob es alles an den vorgesehenen Platz geräumt hat.

Bett machen

Zeige deinem Kind, wie es seine Bettdecke nach dem Aufstehen gerade ziehen und das Kopfkissen ausschütteln und in die Mitte legen kann. Hat dein Kind eine Puppe wird es eventuell gerne mit dem Puppenbett üben.

Abwaschen

Zeige deinem Kind, wie ein Schwamm benutzt wird, um Geschirr abzuspülen. Ab drei Jahren sollte dein Kind spätestens echtes Geschirr verwenden, also keines aus Plastik, denn nur so lernt es den richtigen Umgang mit Zerbrechlichem. Dabei wird mit Sicherheit einige Male etwas kaputt gehen, das gehört zum Lernprozess dazu. Und schließlich passiert es auch uns Erwachsenen öfters, dass wir etwas kaputt machen. Lass also auch hier deinem Kind genug Freiraum, Fehler zu machen, aus denen es lernen kann. Damit dein Kind abwaschen üben kann, stelle ihm ein Waschbecken in seiner Höhe zur Verfügung. Du kannst dafür zum Beispiel eine Kinderküche mit Waschbecken kaufen. Stelle deinem Kind auch eine kleine Menge Wasser zur Verfügung stehen. Genug um das Waschbecken zu etwa 2/3 zu füllen, damit das Wasser nicht überläuft. Du kannst dir zum Beispiel die Kinderküche „Duktig“ von *Ikea* anschauen. Hat dein Kind Interesse daran, kannst du es auch integrieren, wenn du selbst Geschirr spülst. Dazu ist ein Auftritt hilfreich, mit dem dein Kind das Küchenwaschbecken erreichen kann. So kann es dich beim Abspülen beobachten und nachahmen.

Küche/Essen

Gemüse schälen

Du kannst deinem Kind auch beibringen, wie es mit einem Sparschäler Gemüse schälen kann. Am einfachsten sind Gurken, da sie beim Schälen kaum Widerstand bieten. Hat dein Kind die Handbewegung verstanden, kann es auch Kartoffeln, Möhren oder Äpfel schälen.

Obst und Gemüse schneiden

Ältere Kinder können dabei helfen, Obst und Gemüse zu schneiden. Dazu sollten sie aber bereits sicher mit dem Messer umgehen können. Um den Umgang mit dem Messer zu üben, kannst du deinem Kind zunächst zeigen, wie es zum Beispiel sein Brot selbst in Hälften schneiden kann. Dazu reicht ein Brotmesser und die Verletzungsgefahr ist so geringer. Dennoch lernt dein Kind, wie es das Messer hält und damit sicher umgeht. In der Kinderküche sollte sich dann auch ein stumpfes Messer befinden, mit dem dein Kind die Bewegung üben kann.

Backen

Du kannst dein Kind beim Backen auf verschiedenste Arten einbeziehen. Erkläre deinem Kind auch, dass es sich immer die Hände waschen muss, bevor es Lebensmittel zubereitet. Habt ihr das erledigt, kann dir dein Kind helfen, die nötigen Utensilien bereitzulegen. Es kann dir auch Zutaten bringen. Oder du zeigst ihm, wie man einzelne Arbeitsschritte ausführt. Es kann lernen, wie man ein Ei trennt, wie man mit dem Mixer Sahne schlägt oder wie man die Zutaten abmisst und vermischt. Wenn du dein Kind mit einbeziehst, wird die Aufgabe unweigerlich länger dauern und dein Ergebnis ist vielleicht nicht perfekt.

Dafür bietest du deinem Kind jedoch, eine Möglichkeit zu lernen und euch beiden eine Möglichkeit, Zeit miteinander zu verbringen und Spaß zu haben. Versuche besonders die ersten Versuche genau in diesem Licht zu sehen. Ziel ist nicht der Kuchen, sondern die Möglichkeit für dein Kind etwas zu lernen.

Kochen

Genauso wie beim Backen kann dir dein Kind auch beim Kochen helfen. Der Vorteil vom Kochen ist, dass es nicht so sehr auf Genauigkeit ankommt wie beim Backen. Du musst dir also keine Sorgen machen, am Ende ohne Abendessen dazustehen. Du kannst dein Kind fragen, dir verschiedene Utensilien oder Zutaten zu bringen. Wenn es bereits mit dem Messer umgehen kann, darf es dir helfen, Gemüse vorzubereiten. Oder du zeigst ihm, wie es etwas Salz in seine Hand schütten und dann zum Gericht hinzugeben kann. Wenn das Gewürz nicht direkt in den Topf gegeben wird, hast du mehr Kontrolle, wie viel von jedem Gewürz im Topf landet.

4.3 Die Welt entdecken und verstehen lernen

Mathematik, Sprache, Schrift, Kunst, Musik und Naturwissenschaften sind ein Teil unserer Welt. Da Kinder die Welt erforschen und verstehen wollen, werden sie sich auch für diese Themen interessieren. Du kannst daher deinem Kind einen Einblick in alle diese Welten geben, sobald es sich dafür zu interessieren scheint. Zeigt das Kind Interesse, kannst du ihm dann zu dem jeweiligen Gebiet mehr Material bieten. Die Entscheidung liegt aber bei deinem Kind und es ist nicht nötig, ihm beizubringen bis 100 zu zählen, wenn es an Zahlen gerade kein Interesse hat.

Durch die sensorischen und alltäglichen Aktivitäten, die es bisher durchgeführt hat, konnte dein Kind verschiedene Fähigkeiten erlernen, die ihm als Grundlage dienen. Steht diese Grundlage, wird seine weitere Entwicklung nun mehr durch seine Persönlichkeit beeinflusst, die sich nun immer stärker entwickelt.[30]

Konzentriere dich weniger darauf, deinem Kind spezielles Wissen beibringen zu wollen. Es braucht nicht unbedingt die Namen aller Länder lernen oder geschichtliche Fakten. Wichtiger ist es, dass es die Grundkonzepte hinter den Themengebieten versteht. Es muss zum Beispiel nicht unbedingt die Uhr lesen können, aber es sollte das Konzept von Zeit verstehen. Schauen wir uns nun die einzelnen Bereiche näher an, so dass du ein besseres Verständnis erhälst, wie du dein Kind in seiner Persönlichkeits- und Wissensentwicklung unterstützen kannst. Dabei denke daran, immer genau zu beobachten, wofür sich dein Kind gerade interessiert. Steht es total auf alles, was mit Dinosauriern zu tun hat oder liebt es, Lego zusammenzubauen oder verkleidet es sich am liebsten als Superheld? Biete deinem Kind immer mehr davon an, wofür es sich gerade interessiert bis es das Interesse von allein verliert und das Nächste entdecken möchte. Du kannst dein Kind auch inspirieren, in dem du ihm gelegentlich neue Dinge vorstellst, es dann aber deinem Kind überlässt, ob es sich damit beschäftigen möchte oder nicht. Achte darauf, deinem Kind keine Interessen überstulpen zu wollen, nur weil du es gerne so hättest oder für besser erachtest. Wenn du möchtest, dass sich dein Kind fürs Lesen interessiert, weil du selbst gerne Bücher liest, wird es selbst zum richtigen Zeitpunkt sich mit Büchern beschäftigen wollen, wenn es soweit ist und nicht, wenn du ihm sagst, dass es mehr Bücher lesen

30 Vgl. Montessori, (k.A.), S. 45–46.

soll, weil das wichtig im Leben ist. Dein Kind soll sich immer in seinem eigenen Tempo entwickeln dürfen.

Lesen und Schreiben

Vorlesen

Durch schlichtes Vorlesen kannst du Kindern die Möglichkeit geben, eine Verknüpfung von Geschriebenem und Gesprochenem herzustellen. Dazu nutzt du einfach deinen Zeigefinger und fährst beim Vorlesen den Schriftzug nach.

Durch diesen einfachen Vorgang versteht das Kind, dass ein Zusammenhang zwischen den Symbolen auf dem Papier und der Geschichte besteht. So weckst du das Interesse deines Kindes zu verstehen, was die einzelnen Symbole sind und was sie bedeuten.

Wähle dazu Geschichten mit Themen, die den Alltag deines Kindes widerspiegeln.

Schreiben

Hat dein Kind all die sensorischen und alltäglichen Handlungen erlernt, die in den vorherigen Kapiteln beschrieben wurden, ist es mit etwa vier Jahren bereit, um Schreiben zu lernen.[31] Es hat mit dem Pinzetten-Griff die Muskeln der Hand trainiert, die es benötigt, um den Stift präzise führen zu können und die kognitive Fähigkeit seine Umwelt genau zu betrachten und für sich zu ordnen.

In Deutschland bitten die meisten Schulen darum, den Kindern zu Hause noch nicht das Schreiben beizubringen.

Da es verschiedene Ansätze gibt, wie man Kindern Schreiben beibringt, könnten sie am Ende unnötig verwirrt sein, weil sie

31 Vgl. Montessori, (k.A.), S. 45.

zu Hause die eine Technik gelernt haben und in der Schule dann eine andere von ihnen verlangt wird.

Viele Kinder – besonders, wenn sie bald in die Schule gehen – sind aber ganz von sich aus sehr interessiert an Buchstaben und am Schreiben lernen. Damit sie ihre Motivation und Freude am Schreiben beibehalten, sollte man sie nicht daran hindern, wenn sie sich ein Blatt Papier und einen Stift greifen, um Buchstaben, die sie in ihrer Umwelt entdecken, nachzumalen.

Sie lernen so zwar das Aussehen der Buchstaben und üben ihre Stifthaltung, allerdings keine spezielle Technik zu schreiben, wie sie dann später in der Schule gelehrt wird.

Wenn du deinem Kind Lesen und Schreiben nach Montessori beibringen möchtest, setze dich am besten mit der Schule in Verbindung und frage einfach nach, ob es bestimmte Regeln gibt, was das vorschulische Schreiben betrifft. Falls du dich dafür entscheidest, dein Kind mit Montessoris Methode an das Lesen und Schreiben heranzuführen, stelle ich dir im folgendem die Herangehensweise vor.

Nachzeichnen geometrischer Figuren

Gib deinem Kind ein Blatt Papier, Buntstifte in zehn verschiedenen Farben und ein Set geometrischer Formen. Die geometrischen Formen sollten einen runden Griff haben, an dem sie festgehalten werden können. Dann darf dein Kind eine der geometrischen Formen aussuchen und zeichnet sie mit einem der Buntstifte nach. Es hebt die geometrische Form an und kann so sein Werk betrachten. Dann platziert es die Form wieder, so dass sie genau auf den gemalten Linien liegt. Nun wählt es eine andere Farbe und wiederholt die Übung. Die Kombination zweier Farben soll dein Kind dabei motivieren, andere Farbkombinationen ausprobieren zu wollen. So wird es die Übung öfter wiederholen, um verschiedene Farben zu kombinieren und sich an den verschiedenen Formen auszuprobieren.

Als nächstes malt dein Kind die Form dann aus. Zunächst wird es noch oft über die äußeren Linien hinaus malen. Mit Übung wird es aber immer genauer werden und versuchen darauf zu achten, genau innerhalb der Linien zu malen.

Hat es an dieser Übung Gefallen gefunden, kannst du deinem Kind auch Bilder zum Ausmalen geben. Dort kann es auch andere Formen als die der geometrischen Formen bunt ausmalen und sein Gespür für die Auswahl der Farben noch weiter verbessern. Du kannst gerne probieren, ob es Freude hat am Malen nach Zahlen oder anderen Malbüchern.

Das Erlernen der Buchstaben

Als Material benötigst du alle Buchstaben des Alphabetes, damit dein Kind die Buchstaben zuerst mit dem Finger nachzeichnen kann. Die Buchstaben sollten recht groß und gut zu fühlen sein. Dazu nutzt Montessori Buchstaben, die auf Holzplättchen geklebt sind. Die Buchstaben sollten dabei erhoben sein und sich anders anfühlen als die Holzoberfläche. Montessoris Buchstaben sind daher aus Gummi und mit Sandpapier beklebt.

Fahre mit dem Finger sanft über den Buchstaben, so wie du ihn schreiben würdest. Dein Kind soll dir die Bewegung nachmachen.[32] Durch das Nachfahren lernt dein Kind mit der Hand die Bewegung zu machen, die es braucht, um den Buchstaben später tatsächlich zu schreiben.

Beginne mit den Vokalen. Zum Beispiel „i“ und „o“, fahre das „i“ nach und mache den Klang des Buchstabens nach (bei Konsonanten dann zum Beispiel „ss“ und nicht „es“).

32 Vgl. Montessori, (k.A.), S. 52.

Dann frage dein Kind „*Was ist das i?*“ bis es sicher die richtige Antwort gibt. Falls dein Kind die Antwort nicht weiß, wiederhole den ersten Schritt.

Dann zeigst du nur noch auf den Buchstaben und fragst „*Was ist das?*“. So gehst du nach und nach durch das ganze Alphabet bis dein Kind zum Schluss alle Buchstaben benennen kann.

Die Montessori Sandpapierbuchstaben für diese Übung findest du zum Beispiel auf der Seite www.montessori-material.de.

Wörter zusammenstellen

Dein Kind weiß nun, wie die Buchstaben klingen und wie sie aussehen. Als Material, um aus den Buchstaben Wörter zu Formen, kannst du ihm etwas kleinere Buchstaben aus Holz geben. So braucht es weniger Platz beim Aneinanderreihen der Buchstaben. Zu Beginn nenne deinem Kind ein einfach zu erkennendes kurzes Wort, bei dem jeder Buchstabe leicht herauszuhören ist, zum Beispiel „Haus“. Sage deinem Kind das Wort langsam vor und betone dabei jeden Buchstaben sehr deutlich. Das Kind kann so die Buchstaben mit dem passenden Klang finden und aneinanderreihen. Nach und nach können die Wörter schwieriger werden. Hat dein Kind die Übung verstanden, kann es sich auch selbst Wörter überlegen, die es mit den Buchstaben nachlegen kann.

Dein Kind lernt durch diesen Prozess sowohl zu lesen als auch zu schreiben.[33] Es erkennt den Klang der Buchstaben und lernt daraus Wörter zu formen, somit hat es die Voraussetzung zu schreiben. Es kann aber auch umgekehrt die einzelnen Buchstaben in Klänge übersetzen und sich vorsagen, so beginnt es zu lesen. Sets mit Holzbuchstaben findest du z.B. auf *Amazon*, aber

33 Vgl. Montessori, (k.A.), S. 53.

achte darauf, dass sie jeden Buchstaben zwei- bis dreimal beinhalten und möglichst simpel gestaltet sind.

Mathematik

Von 1–10 zählen lernen

Für diese Aktivität brauchst du zehn verschieden lange Holzstangen. Sie sollten rechteckig sein. Die Stangen werden immer 10 cm länger, angefangen von zehn Zentimetern bei der kürzesten, bis hin zu hundert Zentimeter bei der letzten.[34]

1. Stange 10 cm lang
2. Stange 20 cm lang
3. Stange 30 cm lang

...

10. Stange 100 cm lang

Du kannst sie als Montessori Material kaufen oder selbst herstellen. Wenn du sie selbst zuschneidest, musst du sie noch bemalen. Dabei werden die Farben blau und rot alle zehn Zentimeter abgewechselt. Das heißt die erste Stange ist komplett rot, die zweite ist halb rot (10 cm), halb blau (10 cm). Die dritte Stange rot (10 cm), blau (10 cm), rot (10 cm) und so weiter.

Lege dann die Stangen von klein nach groß auf einen Tisch und beginne deinem Kind vorzuzählen. Dabei berührst du den entsprechenden Stab, während du die Zahl sagst. Zähle nicht zu schnell, sondern mache eine kurze Pause nach jeder Zahl. So kann dein Kind die jeweilige Zahl dem jeweiligen Stab zu ordnen.

---

34 Vgl. Palmarola, 2018.

Das nennt man *Eins-zu-Eins-Zuordnung*. Wenn Kinder die Zahlen lernen, ohne das beim Zählen jede Zahl zunächst mit einem entsprechenden Objekt in Verbindung gebracht wird, fehlt ihnen diese Eins-zu-Eins-Zuordnung. Oft lernen sie dann die Zahlen als einen Sing Sang aufzusagen und wenn sie dann versuchen, Objekte zu zählen, lassen sie manche aus oder zählen sie doppelt. Sie verstehen also nicht, dass jedem Objekt genau eine Zahl zugeordnet wird.

Um genau das zu üben, lege als nächstes die Stangen 1 bis 3 vor euch. Berühre die Stange 1 und sage *„Das ist eins"*, berühre die zweite *„Das ist zwei"* und die dritte *„das ist drei"*. Nun frage dein Kind nach einander *„was ist eins?"*, *„was ist zwei?"*, *„was ist drei?"*. Wenn dein Kind die Frage nicht beantworten kann, gehe zurück zum ersten Schritt. Sobald es immer auf die richtige Stange deuten kann, fragst du nur noch *„ Was ist das?"* und zeigst auf eine der Stangen. Wenn dein Kind die Antwort nicht weiß, gehe noch einmal zurück zu Schritt zwei.[35] So lernt dein Kind Schritt für Schritt alle Zahlen, indem du immer ein bis zwei mehr dazu nimmst.

Die Ziffern lernen

Um deinem Kind beizubringen, die Ziffern zu lernen, brauchst du Zahlen, die nach demselben Prinzip wie die Sandpapier-Buchstaben erstellt wurden, damit dein Kind die Zahlen erfühlen kann.

Lege dann drei der Zahlen vor euch und gehe wieder nach dem drei Schritt Prinzip vor. Berühre die erste Zahl vorsichtig mit dem Finger und fahre sie nach, dabei nennst du ihren Namen. Lasse dein Kind die Zahl ebenfalls fühlen. Wiederhole dies für alle drei Zahlen. Dann fragst du dein Kind nacheinander

35 Vgl. Montessori, (k.A.), S. 59–60.

„Was ist eins/zwei/drei?". Kennt es die Antworten noch nicht, wiederhole Schritt eins. Ansonsten fahre fort mit Schritt drei *„Was ist das?"* und zeige auf eine der Zahlen. Kennt es die Antworten nicht, gehe zurück zu Schritt zwei. Wenn es alle Zahlen benennen kann, wiederhole das Ganze mit den nächsten drei Zahlen, bis es alle Zahlen von eins bis zehn erkennt.

Die Firma *Betzold* verkauft beispielsweise ein schönes Set mit Sandpapier-Ziffern, die bereits mit einer Holzbox zur Aufbewahrung geliefert werden.

Zählen im Alltag

Schon vorher kannst du auch im Alltag Zählen integrieren, wenn dir dein Kind z.B. beim Tisch decken hilft. *„Wir brauchen vier Teller, ein, zwei, drei, vier"*, dabei nimmst du Teller für Teller aus dem Regal, während du sie zählst. *„Ich möchte vier Äpfel kaufen – eins, zwei, drei, vier."*, lege die Äpfel nacheinander in deinen Korb während du zählst. Achte darauf, dass du *„eins"* sagst, während du den ersten Apfel nimmst und in den Korb legst und *„zwei"* erst, wenn du den zweiten Apfel in der Hand hältst. So kann dein Kind die Eins-zu-Eins-Zuordnung lernen.

Von 11–19 zählen lernen

Die Zahlen elf bis neunzehn sollten extra gelernt werden, weil für ihre Benennung nicht dieselben Regeln gelten wie für Zahlen ab zwanzig. Elf und zwölf haben Namen ohne bestimmte Regeln, sie müssen gelernt werden. Dreizehn bis Neunzehn nennen zuerst die hintere Zahl (Einer) und dann wird die Zehn (Zehner) hinzugefügt. Bei Zahlen ab zwanzig wird dagegen zwischen Einer und Zehner ein „und" hinzugefügt. Zum Beispiel 23 – „dreiundzwanzig". Als Material brauchst du zehn Ketten, auf denen jeweils zehn Perlen fest aufgefädelt sind. Alle Perlen der

10er Kette haben die gleiche Farbe. Und neun Ketten mit jeweils einer bis neun Perlen. Jede Kette hat dabei Perlen in einer verschiedenen Farbe. Zum Beispiel die Perlen der 9er Kette sind rot, die Perlen der 8er Kette sind grün, die Perlen der 7er Kette sind lila und so weiter.

Du kannst solche Perlenketten entweder kaufen oder selbst basteln. Außerdem brauchst du Karten mit den Nummern elf bis neunzehn.

Lege zunächst die Ketten von eins bis neun auf den Tisch und die entsprechenden Karten mit den Nummern. Dann lege vor die Einer-Kette eine der Zehner-Ketten und tausche die Karte „Eins" durch die Karte mit der „Elf". Wiederhole diesen Vorgang für alle Ketten von eins bis neun. Dann kannst du die Zahlen elf bis neunzehn wieder im 3-Schritt-Verfahren üben.

1. Deute auf die Nummer und sage den Namen.
2. Frage, welches die Nummer elf, zwölf, dreizehn usw. ist.
3. Deute auf eine Nummer und frage nach ihrem Namen.

Wenn dein Kind so die Namen der Nummern gelernt hat, kannst du es die Nummern alleine üben lassen. Dazu werden die Ketten ungeordnet auf den Tisch gelegt. Dein Kind wählt dann eine der Zahlen von elf bis neunzehn aus und legt darunter die zwei Ketten, die diese Nummer repräsentieren. Zum Beispiel, wenn es die Karte mit der elf wählt, soll es eine Zehner-Kette und die Einer-Kette darunterlegen. Zur Überprüfung kann dein Kind die Perlen zählen. Du könntest auch noch farbige Punkte hinten auf der Karte aufmalen. Sind zum Beispiel alle 10er Ketten gelb und die Kette mit einer Perle ist rot, male zehn gelbe und einen roten Punkt auf die Rückseite der elf. Wenn du die Perlenstäbchen für diese Übung fertig kaufen möchtest, empfehle ich dir die Seite www.Montessori-material.de. Dort findest du ein Set mit Perlenstäbchen von eins bis zehn sowie ein Set mit zehn goldenen Perlenstäbchen. Die goldenen Perlenstäbchen haben jeweils zehn Perlen.

Kunst und Musik

Es gibt keine speziellen Techniken, Kunst und Musik nach Montessoris Art zu unterrichten. Kunst und Musik sind aber eine tolle Möglichkeit, sich ohne Worte auszudrücken und die eigene Kreativität zu erforschen. Du solltest sie daher trotzdem in den Alltag deines Kindes integrieren.

Zeichnen

Kinder, die nach Montessori erzogen wurden, gelingt dank ihrer Ausbildung das Zeichnen sehr gut, da sie durch die Übungen, die das Schreiben vorbereiten, ihre Hand bereits trainiert haben.[36]

Du kannst deinem Kind daher einfach verschiedene Stifte (Buntstifte, Wachsmalstifte, etc.) und verschiedene Arten Papier zur Verfügung stellen. Für jüngere Kinder sind größere Stifte, wie dicke Buntstifte oder Wachsmalstifte, einfacher festzuhalten. Du kannst nach und nach mehr Variationen hinzufügen, indem du andere Stiftarten hinzufügst. Gel-Stifte oder Marker wecken durch ihre strahlenden Farben die Begeisterung der Kinder zu zeichnen oft neu.

Malen

Für das freie Malen eignen sich zunächst Fingerfarben, denn sie bieten auch neue sensorische Eindrücke für das Kind. Für

36 Vgl. Montessori, 2019, S. 327.

Kinder, die bereits einen Stift halten können, eignen sich dann auch Wasserfarben, die mit einem Pinsel aufgetragen werden müssen.

Schneiden

Papier zu schneiden, erfordert einiges an Übung. Dazu kannst du deinem Kind spezielle für Kinder sichere Scheren zur Verfügung stellen. So brauchst du dir keine Sorgen um seine Finger zu machen. Das Schneiden lernen funktioniert am besten mit festem Papier oder dünnem Karton. Zunächst lasse dein Kind das Schneiden an sich üben. Das heißt du zeigst ihm, wie es das Papier hält und die Bewegung, die die Hand zum Schneiden macht. Wenn es dann die Bewegung gelernt hat, kannst du ihm eine Linie auf den Karton zeichnen, der dein Kind mit der Schere folgen kann. Es kann dann auch das Schneiden dickerer oder dünnere Papiere üben.

Kleben

Sobald Kinder gelernt haben, Teile eines Papiers abzuschneiden, finden sie oft auch Freude daran, diese Teile wieder auf ein anderes Papier zu kleben. Dazu kannst du flüssig Kleber oder Klebestifte zur Verfügung stellen.

Musik hören

Neben Kinder-Liedern, durch die das Kind sprachlich gefördert wird, kannst du dem Kind auch andere Musikrichtungen nahebringen. Musikrichtungen, bei denen die verschiedenen Instrumente herauszuhören sind, eignen sich besonders, um die Neugier für die darin vorkommenden Instrumente zu wecken. Dazu eignen sich zum Beispiel klassische Musik, Jazz oder auch Rock n' Roll.

Singen

Zum Singen eignen sich dagegen Kinderlieder besonders. Die Texte sind für Kinder geschrieben und einfach aufgebaut. Das Tempo der Lieder ist auch nicht zu schnell, so dass man leicht mitsingen kann. Dazu gibt es auch oft Bewegungen, die beim Singen durchgeführt werden können.

Musikinstrumente

Du kannst deinem Kind auch das Spielen eines Musikinstrumentes beibringen, das ist natürlich einfacher, wenn du selbst ein Instrument spielst.

Wenn du keinen speziellen Unterricht geben möchtest, dein Kind aber trotzdem die Möglichkeit bekommen soll, einige Instrumente auszuprobieren, kaufe am besten zuerst einfache Instrumente, wie Rasseln oder Trommeln, bevor du eine Gitarre oder ein Keyboard kaufst.

Tanzen

Eine gute Möglichkeit, um dem kindlichen Bewegungsdrang nachzukommen, ist es frei zu Musik zu tanzen. So lernt dein Kind auf den Rhythmus der Musik zu achten und seine Bewegung daran anzupassen. Viele Kinderlieder haben auch einfache Choreographien, die jeder nach tanzen kann.

Erdkunde

Die Welt

Um ein Gespräch über die Welt zu starten, hilft es einen Globus im Haus zu haben. Zunächst könntest du ihn gemeinsam mit deinem Kind betrachten und markieren, wo auf der Welt ihr lebt. Falls ihr gemeinsam im Urlaub wart, könnt ihr auch diese

Orte markieren und über die Unterschiede und Gemeinsamkeiten im Vergleich von zu Hause reden. Falls ihr zum Urlaub im eigenen Land wart, könnte auch eine große Karte hilfreich sein. So kann dein Kind die verschiedenen Orte leichter sehen.

Du kannst mit deinem Kind auch über die verschiedenen Kontinente reden, über die Kulturen und das Klima, das dort herrscht. Oder du nutzt Interessen des Kindes. Du könntest, zum Beispiel über die Lieblingsgerichte oder Obstsorten reden und schauen, wo auf der Welt sie ihren Ursprung haben. Genauso könntet ihr auch darüber reden, wo verschiedene Tierarten ihr Zuhause haben.

Dabei geht es nicht unbedingt darum, deinem Kind bestimmte Inhalte beizubringen, sondern mehr darum, dass es versteht, dass es viele verschiedene Orte auf der Welt gibt und wo auf der Welt ihr lebt.

Das Sonnensystem

Genauso wie die Welt kannst du deinem Kind auch das Sonnensystem vorstellen. Du kannst es als 3D Modell basteln oder aufmalen. Zuerst könntest du dann darüber reden, wo die Erde und die Sonne ist. Beides sind Konzepte, mit denen dein Kind am ehesten vertraut ist. Rede zum Beispiel darüber, dass die Erde ganz viel blau und grün hat. Das bedeutet, wir haben Wasser und Pflanzen. Die anderen Planeten haben das nicht, deswegen kann man dort nicht leben. Die Sonne ist dagegen ganz groß und Orange. Sie ist sehr heiß, deswegen kann selbst ein Raumschiff nicht hinfliegen. Ein anderer Himmelskörper, den dein Kind wahrscheinlich kennt, ist der Mond. Du könntest erzählen, dass dort Menschen einmal hingeflogen sind, um ihn sich anzuschauen. Sie mussten aber Raumanzüge tragen, um atmen zu können…

Auch hier genügt es, dass dein Kind das Konzept Sonnensystem versteht. Wenn dein Kind Interesse an dem Sonnensystem oder den Sternen hat, kannst du zum Beispiel auch folgende Fragen beantworten:

1. Was sind die Namen der anderen Planten?
2. Wie weit weg sind sie von der Sonne?
3. Wie kreisen die Planten um die Sonne?[37]

Geschichte

Eine Erziehung zur Geschichte der Menschheit findet erst später in der Montessori Erziehung statt. Kinder müssen erst ein allgemeines Konzept von Zeit entwickeln, bevor sie den Verlauf unserer Geschichte verstehen können. Das schaffst du am besten, in dem du die verschiedenen Konzepte von Zeit in den Alltag deines Kindes integrierst. Wie du das machen kannst, erkäre ich in den folgenden Beispielen.

Tagesverlauf

Erwähne immer mal wieder, welche Tageszeit es ist. Zum Beispiel: *„Heute Morgen frühstücken wir Brötchen."* oder *„Es ist 12:00, jetzt ist Zeit fürs Mittagessen."*

So kann dein Kind den Tagesverlauf verstehen und dass der Tag in verschieden Perioden aufgeteilt ist, die sich immer wiederholen.

---

37 Vgl. Palmarola, 2018.

Heute, Morgen, Gestern

Als nächstes kannst du deinem Kind helfen, ein Verständnis zu entwickeln, was ist die Vergangenheit, was ist die Gegenwart und Zukunft. Beginne dabei einfach mit heute, morgen und gestern. Wenn du mit deinem Kind über Ereignisse redest, erwähne, wann sie stattfinden, zum Beispiel *„heute wollen wir einkaufen gehen."*

Kalender

Zeit ist relativ schwer zu verstehen, denn wir können Zeit nicht sehen. Ein Kalender, den du jeden Tag mit deinem Kind aktualisierst, kann dabei allerdings helfen. Der Kalender sollte den Wochentag und das Datum angeben. So machst du deinem Kind bewusst, wie jeden Morgen ein neuer Tag beginnt. Es lässt sich auch gut das Wetter integrieren. So könnt ihr morgens aus dem Fenster schauen und überlegen, scheint die Sonne oder regnet es? Ist es warm oder kalt draußen? Dabei kannst du dann auch mit deinem Kind überlegen, was es anziehen muss, wenn ihr gemeinsam raus geht.

Einen simplen Holzkalender, der sich dafür perfekt eignet, findest du auf www.montessori-shop.de. Der Kalender hat eine kleine Tafel, auf der zum Beispiel das Wetter dargestellt werden kann. Du kannst zum Beispiel eine Wolke oder eine Sonne darauf malen.

Damals

Das Gedächtnis von Kindern entwickelt sich erst noch. Mit Kindern ab etwa fünf Jahren kann man aber anfangen und über Geschehnisse reden, die etwas länger zurückliegen. Dazu eigen sich besonders Ereignisse, die besonders aufregend für das Kind waren. Zum Beispiel ein großer Ausflug, ein Urlaub, der eigene Geburtstag oder Weihnachten. Du kannst auch darüber reden, wenn sich ein Ereignis bald wiederholt, zum Beispiel *„in einer Woche hast du wieder Geburtstag"*. Hier kannst du auch den Kalender nutzen und jeden Morgen erwähnen, wie oft dein Kind noch schlafen geht, bis es soweit ist.

Kinder stellen oft je nach ihrem Interesse auch selbst geschichtliche Fragen, zum Beispiel *„Wann haben die Dinos gelebt?"*, *„Wer waren die Ersten Menschen?"*.

Wenn du keine Antworten auf die Fragen weißt, sag deinem Kind ehrlich, dass du es nicht weißt. Dann könnt ihr euch gemeinsam auf die Suche nach Antworten machen. Du kannst gerne Bücher zur Hand nehmen, um solche Fragen zu klären.

Naturwissenschaften

Auch Naturwissenschaften werden wie Geschichte in der Montessori Pädagogik erst später behandelt. Kinder zeigen aber von sich aus oft schon vorher Interesse an Naturwissenschaften. Die innere Motivation des Kindes sollte hier wieder entscheidend sein. Zeigt das Kind also Interesse, biete ihm Möglichkeiten an, sich mit verschiedenen naturwissenschaftlichen Themen auseinander zu setzen.

Genauso wie die sensorischen Übungen Montessoris fördern folgende Aktivitäten die Fähigkeit des Kindes durch Beobachten und Ausprobieren neue Erkenntnisse zu erlangen und so neue Konzepte zu formen. So fällt es dem Kind leichter, später auch komplexere Zusammenhänge zu erlernen und zu verstehen.

Der Körper

Benenne im Alltag einfach immer wieder die verschiedenen Körperteile. Zum Beispiel beim Anziehen oder beim Baden. *„Ich wasche zuerst deine rechte Hand. Jetzt ist die linke Hand dran."* Zu

Beginn hilft die Berührung, damit dein Kind Namen und Körperteil eindeutig miteinander verknüpft. Du kannst hier auch nach dem 3-Schritt-Verfahren vorgehen. Benenne das Körperteil, während du es berührst. „*Das ist die Nase*". Dann frage dein Kind, wo das Körperteil ist. „*Wo ist die Nase?*" Und schließlich zeigst du nur auf die Nase und fragst nach dem Namen „*Was ist das?*"

Für Kinder im Vorschulalter wird oft der innere Aufbau des Körpers interessanter. Es gibt dazu Puzzle und viele Bücher, die auf kindgerechte Art erklären, was im Körper so alles vor sich geht.

Schwimmen und sinken

Dazu benötigst du ein großes Behältnis, das du mit Wasser befüllen kannst. Ideal wäre es, wenn der Behälter durchsichtig ist. So kann dein Kind auch von der Seite schauen und genauer erkennen, was passiert. Außerdem benötigt ihr einige Gegenstände, von denen ihr testen möchtet, ob sie schwimmen oder nicht. Macht einen Haufen mit Gegenständen, von denen dein Kind denkt, sie werden schwimmen und einen, bei dem es damit rechnet, die Gegenstände werden untergehen. Dann testet die Annahmen, in dem ihr die Gegenstände ins Wasser legt.

Diese Herangehensweise eignet sich eher für Kinder im Vorschulalter. Sie müssen dafür bereits im Alltag gesammeltes Wissen anwenden. Darauf basierend, erstellen sie eine Theorie, was sie denken, was passieren wird.

Du kannst dieses Experiment wiederholen und sehen, ob dein Kind durch die vorherigen Erfahrungen dazu lernt und immer besser darin wird vorherzusagen, was schwimmt und was nicht. Dein Kind lernt so die Grundidee des Forschens.

Für jüngere Kinder kann man Alltagssituation nutzen und darauf hinweisen, dass bestimmte Objekte im Wasser sinken oder schwimmen, zum Beispiel in der Badewanne oder beim Planschen in einem Pool im Sommer.

Längen vermessen ohne Zahlen

Eine einfache Aktivität, um schon kleineren Kindern das Konzept des Messens beizubringen, ist es ihre Körpergröße abzumessen. Schneide eine lange Schnur oder ein Seil in Höhe deines Kindes zurecht. Du kannst deinem Kind dann in einem großen Spiegel zeigen, dass das Seil genauso groß ist wie es selbst. Damit kann dein Kind seine Umwelt vermessen, um zu sehen, was ist größer oder kleiner als es selbst. Es kann dazu einfach die Länge des Seils mit anderen Gegenständen vergleichen. Zeige deinem Kind, wie es das Seil an einen Gegenstand halten kann. Das Seil muss leicht den Boden berühren und gerade nach oben gehen. So könnt ihr gemeinsam messen, was größer und was kleiner ist. Hat dein Kind das Prinzip verstanden, kann es so auch eigenständig messen.

Längen vermessen mit Zahlen

Hat dein Kind bereits die Zahlen gelernt, kannst du ihm auch zeigen, wie man ein Lineal oder ähnliches verwendet. Du kannst einige Gegenstände selbst abmessen und eine Liste mit den Ergebnissen anfertigen. Dann lass dein Kind alleine messen. Ihr könnt dann die Ergebnisse vergleichen und darüber reden, ob dein Kind genau gleich oder eine größere/kleinere Zahl gemessen hat.

Volumen messen

Volumen messen üben kann man am besten mit Wasser, da es sich leicht umschütten lässt. Um verschiedene Volumen zu vergleichen, kannst du einen kleinen Experimentiertisch aufbauen. Dazu brauchst du Gefäße mit verschiedenen Volumen.

Benutze zum Beispiel verschieden große Gläser, Vasen, Flaschen etc. Achte darauf, dass die Gefäße auch befüllt von deinem Kind noch alleine hochgehoben werden können. Eines der Behältnisse sollte genau einen Liter Wasser fassen können. Außerdem brauchst du einen am besten durchsichtigen Messbecher, den du mit einen Liter Wasser füllst.

Zeige deinem Kind, wie du einen Liter Wasser abmisst.

Dann gibst du deinem Kind zunächst ein Gefäß, das mehr als einen Liter Wasser fasst. Lass dein Kind, alles Wasser aus dem Messbecher hineinfüllen. Weise es daraufhin, dass noch Platz im Gefäß für mehr Wasser ist. Es hat also ein größeres Volumen als ein Liter.

Dann lass es Wasser in ein Gefäß mit weniger als einen Liter Volumen füllen. Dabei bleibt Wasser im Messbecher übrig oder das Gefäß läuft über. Erkläre dann, dass dieses Gefäß nicht genug Platz für das Wasser hat, es hat also weniger als ein Liter Volumen. Als nächstes lass es das Wasser in ein Gefäß mit genau einem Liter Volumen füllen. Erkläre, dass alles Wasser hineinpasst, aber kein Platz für mehr Wasser im Gefäß ist. Es fasst also genau einen Liter Wasser. Du kannst zum Schluss das Kind selbst ausprobieren lassen, in welches Gefäß ein Liter passt und in welches nicht.

Ihr könntet als zweite Lektion auch umgekehrt vorgehen. Dein Kind füllt einen Behälter voll mit Wasser. Dann schüttet es das Wasser in einen Messbecher, um herauszufinden, wie viel Liter der Behälter fasst. Dazu musst du deinem Kind vorher erklären, wie es den Messbecher ablesen kann.

Beide Aktivitäten machen das Kind vertraut mit dem Konzept von Volumen. Es wird so lernen wahrzunehmen, das in verschiedene Behälter verschieden viel hineinpasst. Im Alltag muss man oft Volumen abmessen, wenn man etwas backen möchte.

Du kannst dein Kind, wenn es Interesse zeigt, helfen lassen, in dem es Zutaten beim Backen oder Kochen abmisst.

Leichter und schwerer

Um dein Kind auf das Gewicht verschiedener Gegenstände aufmerksam zu machen, kannst du ihm zunächst das Konzept von leichter oder schwerer vermitteln.

Suche dazu einfach einen schweren Gegenstand zum Beispiel eine volles Glas Marmelade und einen leichten Gegenstand wie einen Schwamm. Lass dein Kind beides in der Hand halten, du kannst ihm mit dem 3-Schritt-Verfahren leichter und schwerer beibringen. Zeige auf die Hand mit dem schweren Gegenstand und sage *„Das ist schwerer“*, dann zeige auf die Hand mit dem leichteren Gegenstand und sage *„Das ist leichter“*. Als nächstes fragst du dein Kind nacheinander *„Was ist leichter/schwerer?“* .

Wenn es die Antwort weiß, fragst du es *„Was ist das?“* und zeigst auf eine der Hände. Sollte es die Antwort zu einer der Fragen nicht kennen, gehe einen Schritt zurück.

Wiederhole die Übung mit verschiedenen Gegenständen und achte darauf, dass dein Kind den schweren und leichten Gegenstand nicht immer in der gleichen Hand hält. Sonst denkt es vielleicht, es geht um das Konzept von rechts und links.

Irgendwann kannst du dein Kind nur noch fragen, was ist schwerer oder was ist leichter. Kann es die richtige Antwort nennen, hat es das Konzept von leichter und schwerer verstanden.

***

Ich hoffe, du hast nun nach dem Lesen des Buches einen Einblick in die Montessori Pädagogik gewinnen können und weißt, worauf es ankommt, dein Kind zu Hause auf Montessori Art zu betreuen.

Falls dir mein Buch gefallen hat, würde ich mich über eine kurze Rezension auf Amazon freuen. Ich wünsche dir nun viel Spass mit deinem Kind bei den Aktivitäten. Falls du deinem Kind auch Yoga oder Achtsamkeit beibringen möchtest, kann ich dir auch meine Bücher hierzu empfehlen, die in viel Liebe in Zusammenarbeit mit einer Illustratorin entstanden sind. Meine Inspiration für meine Bücher sind immer meine Kinder und meine Schützlinge im Pädagogenalltag, denen ich – wahrscheinlich wie du auch – das bestmögliche mit auf ihren Lebensweg geben möchte.

Alles Liebe für dich und dein Kind,
deine Yvette

Literaturverzeichnis

Balster, K. (2011). *Warum sollte es überall „Anerkannte Bewegungskindergärten“* (ABK) geben? Praxis der Psychomotorik 36 (3).

Davies, Simone. (k.A.). *The Montessori Toddler: A Parent's Guide to Raising a Curious and Responsible Human Being.* Workman Publishing Company.

Lillard, P. P., & Jessen, L. L. (2013). *Montessori von Anfang an: Ein Praxishandbuch für die ersten drei Jahre des Kindes.* Verlag Herder GmbH.

Masaracchia, R. & Schneider, A. (2009). *Tragekind: Kindersachbuch zum Thema Tragen und Getragenwerden.* Edition Riedenburg.

Montessori, Maria. (k.A.). *Dr. Montessori's Own Handbook.* Anboco Verlag.

Montessori, Maria. (1959). *The absorbent mind.* Lulu.com

Montessori, Maria. (2019). *Die Entdeckung des Kindes.* Vol. 1. Verlag Herder GmbH.

Montessori Schule Augsburg (Hrsg.): *„Sensible Phasen“.* In: montessori-augsburg.org (k.A.). URL: https://www.montessori-augsburg.org/schule/paedagogik/sensible-phasen/. (abgerufen am: 06.06.2020).

Palmarola, Julia. (2018). *Practical Guide to the Montessori Method at Home: With more than 100 activity ideas from 0 to 6.*

Rapley, Gill, and Tracey Murkett. (2008). *Baby-led weaning: Helping your baby to love good food.* Random House.

Zimmer, R. (2009). *Handbuch Sprachförderung durch Bewegung.* Freiburg: Herder.

Printed in Poland
by Amazon Fulfillment
Poland Sp. z o.o., Wrocław

64667247R00068